Saara
Palco de redenção

Somos associados da **Fundação Abrinq** pelos direitos da criança.
Nossos fornecedores uniram-se a nós e não utilizam mão-de-obra infantil ou trabalho irregular de adolescentes.

O autor cedeu os direitos autorais desta obra à
CORASSOL – Centro de Orientação, Reintegração e Assistência Social
Rua Legionário Maurício, 69, Vila Pompéia, CEP 14060-310, Ribeirão Preto/SP, tel.: (0xx11) 622-6998.
Declarada de Utilidade Pública Municipal, Estadual e Federal
CNPJ 01.905.513/0001-04

Saara: Palco de Redenção
Copyright by © Petit Editora e Distribuidora Ltda. 2003
1-04-03-12.000
Direção editorial:
Flávio Machado
Capa (criação):
Flávio Machado
Imagem da capa:
John Frederick Lewis (tela *The Greeting in the Desert*)
Assistente de produção editorial:
Fernanda Rizzo Sanchez
Chefe de arte:
Marcio da Silva Barreto
Diagramação:
Ricardo Brito
Revisão:
Maria Aiko Nishijima
Fotolito da capa:
Digigraphic
Impressão:
OESP Gráfica S/A

Ficha catalográfica elaborada por
Lucilene Bernardes Longo – CRB-8/2082

Claudinei (Espírito).
Saara : palco de redenção / romance do Espírito
Claudinei ; psicografado pelo médium Eurípedes Kühl.
– São Paulo : Petit, 2003.

ISBN 85-7253-101-7

1. Espiritismo 2. Psicografia 3. Romance espírita
I. Kühl, Eurípedes II. Título.

CDD: 133.9

Direitos autorais reservados. É proibida a reprodução total ou parcial, de qualquer forma ou por qualquer meio, salvo com autorização da Editora. Ao reproduzir este ou qualquer livro pelo sistema de fotocopiadora ou outro meio, você prejudicará a Editora, o autor e você mesmo. Existem outras alternativas, caso você não tenha recursos para adquirir a obra. Informe-se, é melhor do que assumir débitos.

Impresso no Brasil, no outono de 2003.

Saara
Palco de redenção

Romance do Espírito
Claudinei

Psicografado pelo médium
Eurípedes Kühl

petit editora

**Rua Atuaí, 383/389 - Vila Esperança/Penha
CEP 03646-000 - São Paulo - SP
Fone: (0xx11) 6684-6000
Endereço para correspondência:
Caixa Postal 67545 - Ag. Almeida Lima
03102-970 - São Paulo - SP**

www.petit.com.br
petit@petit.com.br

Outros livros psicografados pelo médium
Eurípedes Kühl:

Com o Espírito Josué
- Infidelidade e Perdão

Com o Espírito Roboels
- Sempre há uma Esperança
- Transplante de Amor

Com o Espírito Domitila
- Os Tecelões do Destino

Do próprio autor
- Animais, Nossos Irmãos
- Fragmentos da História, pela Ótica Espírita

Dedicatória

*A Alfredo Rodrigues Câmara,
meu cunhado, com gratidão
pelo seu incentivo, nunca negado,
dedico minha humilde participação
nesta obra.*

Eurípedes Kühl

Sumário

Introdução, 9

1. Norte da África, 13
2. O "norte" do bem, 32
3. A consciência e o arrependimento, 43
4. Multidão no deserto, 60
5. A Lua e a Estrela, 80
6. Os ventos sempre voltam, 96
7. Pineal: glândula sublime!, 121
8. Jesus: "Mestre-de-Obras", 140
9. Perdão: pai da paz, 168
10. Idas e voltas pelo túnel, 187
11. Verdade: irmã gêmea do Sol, 201
12. Abençoada reaproximação, 227

Adendo, 245

Introdução

A palavra SAARA, em árabe *al-Sahra*, significa planície dura, ou campo de areia.

Eis o Saara, o maior deserto do mundo: 8.000.000 km² de areia e rochas, ocupando quase todo o norte do continente africano.

Houve um tempo em que toda essa imensidão foi verdejante, coberta de florestas e plena de vida. De fato, a etnologia comprova que pelo Saara passaram quatro diferentes civilizações, que deixaram indeléveis gravuras e inscrições rupestres (impressas nas rochas), dando notícias sobre agricultura, criação de gado, caça, utilização de cavalo e depois de camelo.

Mas, perguntamos, como teria ocorrido ali tamanha transformação?!

No Período Paleolítico tiveram início as glaciações, que duraram milhares de anos.

Com a queda das geleiras o aspecto de várias regiões transformou-se pouco a pouco e no último período glacial ocorreu prolongada seca: os rios evaporaram-se; os habitantes abandonaram suas moradias; alguns animais migraram, muitos morreram, várias espécies se extinguiram. Do fundo dos lagos o vento forte levantou tempestades de areia, cobrindo tudo.

As civilizações que floresceram no Saara começaram a desaparecer por volta de 1.600 a.C. e a desertificação total se completou com a inauguração da Era Cristã.

Podemos imaginar, sem dificuldade, que são poucas as pessoas que desde aquela época transitaram ou transitam naquela vastidão de areia e rochas, sob a inclemência do clima. Vivendo exclusivamente nos desertos, talvez ninguém. Mas...

Terá sido gratuita a conjunção desertificação-Cristianismo?

Não pode ser: na natureza não há improvisações, menos ainda o acaso e tudo objetiva finalidade positiva.

Mas, agora, então é de se perguntar: por que ocorreu ali tal transformação?

Em resposta, o autor espiritual oferta-nos relatos que propiciam nossa humilde reflexão de que mais uma vez as aparências enganam: os desertos e, por extensão, as demais áreas quase desabitadas do planeta – todas com reduzidíssima contagem demográfica – na verdade são metrópoles espirituais, onde milhões de seres vivem, sofrem, aprendem, evoluem...

Assim, o Saara desses dois milênios tem servido como palco para situações conflitantes, vivenciadas por espíritos que, nos árduos embates existenciais, quase sempre não conseguem controlar os próprios impulsos, filhos de suas atávicas tendências morais.

Em benefício deles próprios, são compulsoriamente matriculados ali, em estágios evolutivos de aprendizado pela pedagogia da dor, fruto de seus equivocados atos perante o próximo.

É nesse cenário que acontecem quase todas as situações aqui narradas.

O que esta obra traz como informação inédita é justamente a notícia da enorme população espiritual que tem o Saara por moradia.

Pela leitura, a conjunção citada traz em seu bojo um profundo significado filosófico, possibilitando-nos entender, em parte, como agem os espíritos siderais, prepostos de Jesus, na administração do fluir da vida no planeta Terra, seja no plano físico e, no caso presente, máxime no espiritual.

O que emerge para nossa análise é a hipótese de que, tendo por barreira intransponível a hostilidade climática do Saara, toda aquela enorme área, na sua projeção astral, se presta a ser hospedagem de milhares e milhares de espíritos. E esses hóspedes ali são mantidos segregados, por si mesmos, face sua densidade perispiritual altamente sintonizada ainda com a terrena, no que ela produz de descaminhos e débitos morais.

Nessas metrópoles, assim, a hostilidade climática é decorrente da ausência do Evangelho. Mas mesmo e principalmente ali, nem um único apelo dirigido a Deus fica sem deferimento.

O médium
Ribeirão Preto/SP – Primavera de 2002

1
Norte da África

Cada grão de areia começou a ter vida, transformando-se em esvoaçantes e alegres borboletas, que vinham acariciar-lhe a face.

"Alegres, as borboletas? Mas, como, se o Sol despeja fogo sobre elas?

Aliás, não apenas sobre elas, mas sobre tudo e todos.

Todos? Se estou sozinho...

Não, não estou só: comigo estão as borboletas.

Elas estão entrando em meus olhos e queimando, não são borboletas, são grãos de areia, alguns dos quais refletem o sol, meu rosto queima também.

Claire! Claire! Por que você me abandonou? Nós nos amamos tanto."

Estes foram os últimos pensamentos – truncados pensamentos – de Arnaud Teqak, antes de voltar a desmaiar. Sim, porque tais idéias vieram-lhe à mente inda há pouco, quando saiu da prolongada inconsciência que tomara conta dele, há muitas e muitas horas.

Mas agora que voltou a desmaiar, outras perguntas em sua mente, sem resposta:

"Como é que fiquei vendo meu corpo dormir até que as estrelas viessem timidamente chegando, uma a uma de início e logo em multidão, para enfeitar a noite, espalhando pequeninos grãos luminosos no deserto lá de cima, no céu? Só agora que o sol voltou, sendo já quase meio-dia, entendo que meu corpo está desmaiado, mas como é que estou vendo e pensando essas coisas?"

Por instantes filosofou que as estrelas eram algo parecidas com os grãos de areia: elas, andando pela imensidão celestial, brilhando com luz própria e estes, dançando no ar, brilhantes à luz solar, quando erguidos pelo vento. Logo decidiu: mas as estrelas ganham das areias porque elas brilham a noite toda e os grãos, refletindo a poderosa luz do Sol, brilham numa fração de tempo cem vezes menor que o segundo...

Ainda pensou:

"Por isso gosto mais das estrelas do que dos grãos de areia. Aliás, lembro que ontem à noite, quando a noite tomou conta do céu e as estrelas, todas, tomaram seu lugar, desisti de contá-las."

Absorto em divagações, assustou-se quando ouviu um abafado tropel de camelos e de gente.

"Quem seriam?"
Eram muitos. Homens e camelos. Vinham de dentro do deserto, rumo à cidade.
Quando um camelo com um homem grande montando-o veio em sua direção, captou que em segundos seria pisoteado pelas largas e possantes patas do animal.
Tentou gritar, mas não conseguiu: a voz não o obedecia.
Fez um esforço supremo para ao menos rolar e sair da linha, na qual a pesada montaria estava vindo. Debalde. Nem um único músculo se moveu sob sua vontade.
"Vou morrer nas patas desse camelo", raciocinou.
Pensou em fechar os olhos, para pelo menos não ver a própria morte, mas logo se deu conta de que eles já estavam fechados. Nisso, de forma inexplicável, viu uma pequena claridade descer literalmente do céu e parar bem entre os olhos do camelo. O animal, sem que houvesse recebido qualquer ordem, desviou seu curso.
Aí, Teqak tentou novamente, o mais que pôde, abrir os olhos. Não conseguiu!
Mas, oh! Sentia o quanto doíam os olhos, cheios de areia. Tentou se mexer, sem sucesso.
Assustado por ver, com o corpo imóvel até aquele instante, e apavorado ante a perigosa aproximação do camelo, agora mesmo é que não entendeu mais nada, pois a tal claridade que impedira o animal de prosseguir voltou para o céu, qual um minirrelâmpago fazendo o percurso inverso de todos os relâmpagos, isto é, de baixo para cima.
De fato, o camelo diminuiu o passo, tornando-se lento.
O homem sobre o animal disse uma imprecação e ia acelerar a montaria quando viu o corpo inerte de alguém,

semi-encoberto de areia. Era Teqak. Em alta voz disse alguma coisa e em poucos instantes toda a caravana parou, obedecendo-o. Ali, ficou patente que ele os comandava.

Vários homens desceram dos seus camelos e empunhando estranhas espadas curvas, aproximaram-se do corpo caído, como que para proteger seu chefe.

Um dos estratagemas mais antigos do mundo para a realização de assaltos, sempre foi utilizar um disfarce ou provocar alguma distração no alvo. E alguém caído no deserto, só, àquela hora do dia, sem um animal e sem qualquer bagagem, sinalizava mesmo perigo. Muito perigo: uma emboscada.

Outra palavra, repetida aos gritos pelo homem, grande e forte, fez muitos dos seus companheiros se espalharem, em círculo largo, como que formando um campo de proteção à caravana, sob suspeita de ataque iminente, que poderia surgir de repente, de qualquer direção.

Com uma enorme lança na mão, pronto para defesa ou ataque, o cameleiro-chefe apeou e tocou aquele corpo caído com a ponta da arma. O camelo, como que imitando seu dono, aproximou-se de Teqak e qual um cão farejador procurou identificá-lo. Como o animal se mostrasse sereno, o homem com a lança confiou nele, pois se por perto ou nas cercanias houvesse perigo, o animal, no mínimo, se mostraria inquieto. Todos os animais, aliás...

Deduziram todos que ali estava alguém que certamente se perdera na vastidão do deserto e agora estava mais para morto do que para vivo.

– Mazhiv! Mazhiv!

Ao chamado, um homem de meia-idade, beirando os cinqüenta anos, olhou para o chefe, como que aguardando instruções, que não tardaram: com um simples meneio de cabeça foi autorizado a investigar o corpo tombado. Seu primeiro gesto foi colocar a mão na fronte do desconhecido e, em poucos instantes, atestou que ainda vivia. Revistou o paciente e viu, surpreso, que embora não trouxesse qualquer arma tinha um detonador preso à cintura. Verificou ainda que seus trajes eram delicados, impróprios, pois, para aquela paisagem. Nos bolsos, nada de valor. Mas ao abrir-lhe o agasalho e a camisa, não conseguiu sufocar um grito de espanto ao ver uma jóia na ponta de uma grossa corrente de ouro. A jóia era uma cruz, tendo encravado nela o símbolo, em ouro, de um corpo crucificado. O crucificado trazia um diamante sobre a cabeça e um rubi incrustado do lado direito do tórax.

Volvendo o olhar para o chefe, novamente este anuiu, com um simples lento piscar de olhos. Teqak tentou desesperadamente impedir, mas algo sobrenatural não o deixava sequer mover um músculo e logo Mazhiv, com muito cuidado, retirou-lhe a jóia, entregando-a ao chefe. Ao examinar e ver que era valioso aquele objeto, o chefe levou também um susto, só que por motivo diferente: o diamante, à luz do Sol, refletiu seu brilho e por uma fração de segundo, teve a impressão que o martirizado abrira os olhos.

Tal como se o objeto lhe queimasse as mãos entregou-o de volta a Mazhiv, perguntando:

– Tem feitiço?

Mazhiv, agora, pôde examinar detidamente a jóia. Segurando-a, sentia um grande bem-estar percorrer-lhe todo o corpo. Olhando para o chefe, que manifestava intensa ansiedade, quase temor, não entendeu por que ele perguntara aquilo, sobre feitiço.

— Não, Mueb, não tem feitiço. É do bem, simboliza o Profeta dos infiéis.

Mueb acalmou-se. Retomou a jóia e guardou-a. Mazhiv retirou o detonador da cintura do homem caído e entregou-o a Mueb, que o examinou com cuidado. Logo determinou aos homens que acampassem por ali mesmo, pois já estava passando da hora de fazerem a refeição. Quanto ao corpo caído, disse a Mazhiv que cuidasse dele. E afastou-se.

Teqak, desmaiado, mas consciente[1], surpreso com esse inexplicável fato, viu que Mazhiv foi até outro camelo e apanhou um pequeno bornal, de onde tirou um pote. Abriu-o, tomou uma porção de algo pastoso e começou a passar-lhe na testa e na face. Com extremo cuidado e insuspeitada delicadeza abriu-lhe as pálpebras e com a ponta do dedo, untada daquela pasta, massageou-lhe os olhos, deles retirando grande porção de areia. Depois, lhe deu pequeninas doses de água. A seguir, o assistente ajoelhou-se, colou a testa na areia e em tom piedoso orou, agradecendo aos Céus, de onde Alá a tudo via.

Teqak, comovido, compreendeu que o homem estava agradecendo tê-lo salvo!

Um torpor invencível o envolveu e uma força também insuperável levou-o de volta para o próprio corpo!

Ainda com a garganta e os olhos ardendo pela areia que neles se alojara e ferira, mas balsamizado pela água que

---

1 – Sabemos, pelo Espiritismo, que no sono, nos desmaios ou em estados de coma, o perispírito de um encarnado se desprende parcialmente dele, ficando, contudo, unido pelo cordão fluídico. Em algumas dessas situações, pode mesmo acontecer de o espírito ter plena noção do que se passa com seu corpo físico. (Nota do Editor.)

ingerira e pelo ungüento que aliviara em parte a dor e tirara a areia dos olhos, conseguiu, ao menos, gemer.

Com inesquecível olhar de felicidade Mazhiv deixou suas orações e erguendo-lhe um pouco a cabeça, deu-lhe mais água.

Os dois homens se olharam, sem nada dizer.

Naquele duplo silêncio, na verdade, um substancial diálogo foi travado, de agradecimento, de júbilo, além de muitas perguntas, de ambas as partes, praticamente todas ainda sem resposta.

Teqak passou a mão no pescoço e no peito e ia exigir seu crucifixo de pedras preciosas de volta. Mazhiv, como que adivinhando, disse-lhe com invencível autoridade:

– Mais tarde, mais tarde.

Estas simples palavras, proferidas por aquele homem protetor, deram a entender a Teqak que agora deveria repousar e que mais tarde seriam prestados esclarecimentos. "De ambas as partes", pensou.

Após a refeição, a caravana seguiu. Teqak foi acomodado num camelo de carga.

Quando a noite chegou, acamparam. Mazhiv deu uma beberagem para Teqak.

Com o mesmo cuidado com que movimentara suas pálpebras, para retirar a areia, Mazhiv voltou a tocar nelas, num delicado gesto de fazê-las fechar. E Teqak dormiu. Uma fração minúscula de tempo antes de o sono vencê-lo, num gesto de gratidão, tomou a mão de Mazhiv e teve a estranha sensação de que há muito tempo sonhara com aquele homem.

Quando acordou, com o primeiro raio solar que veio lhe dar bom dia, sentiu um frio na barriga ao ver um enorme camelo – aquele que quase o pisoteara –, bem ao seu lado, com os olhos muito abertos, mirando-o fixamente. Captou, no mesmo instante, que era manso.

Levantou-se, cambaleante. Por pouco, ia caindo sobre o camelo.

Equilibrando-se com dificuldade, deu dois trôpegos passos e pôde ver que o homem que cuidara dele estava do outro lado do camelo, ajoelhado, rezando.

Logo o caravaneiro encerrou suas orações, a primeira das cinco do dia, e erguendo-se veio até ele. Pegou-lhe as mãos e disse:

– Alá deixou você voltar.

Em outras palavras, Mazhiv dissera que Teqak, praticamente, ressuscitara.

– Quem... quem são vocês? – perguntou Teqak, expressando-se perfeitamente em árabe, a língua daquele país.

– Isso importa?

Teqak, num segundo, entendeu que não deveria fazer mais nenhuma pergunta:

– Sou grato ao senhor, por ter cuidado de mim, por me salvar.

– Agradeça a Alá!

Mazhiv disse isso olhando para o céu e para o chão, como que induzindo Teqak a realizar, também ele, a primeira das cinco orações diárias dos muçulmanos.

Embaraçado, Teqak anuiu. Então Mazhiv o fez prostrar-se; a seguir, tomando uma porção de areia, esparziu-a sobre a cabeça dele, tendo o cuidado para não cair nos olhos. Repetiu esse gesto algumas vezes. Estava ainda prostrado quando ouviu:

Saara: Palco de Redenção

– Então, Mazhiv, quem é esse perdido? Pode ser-nos útil? Era o chefe da caravana perguntando nas entrelinhas se aquele que salvaram teria posses de forma a recompensar-lhes. Mazhiv respondeu:

– Ainda não fiquei sabendo. Ele fala nossa língua, mas está meio tonto. Por uns três dias não poderá fazer nenhum esforço. Depois, sim, conversarei com ele e saberei sobre sua vida.

– Então cuide dele. E fique de olhos abertos porque não quero surpresa, senão já sabe. Agora, vamos embora.

Quando o chefe da caravana afastou-se, Mazhiv advertiu Teqak:

– Se quiser continuar vivo, ore a Alá, da maneira como fazemos.

Surpreendendo Mazhiv, Teqak respondeu que faria isso.

Teqak não conseguia esquecer que sua jóia não estava mais com ele.

Recebeu ordens de ir para o fim da caravana, onde lhe foi indicado um outro camelo para montar. Quando partiram, Teqak se voltou para trás e vendo a imensidão de areia que ia ficando para trás, teve a impressão de que tudo aquilo não acontecera, que tinha sido ilusão, miragem.

O sol já ia quase a pino quando a caravana foi açoitada por um vento forte. Como de praxe, os camelos, dotados pela natureza de defesas naturais, foram dispostos de forma a proteger os homens, até que a tempestade de areia não mais lhes fustigasse os olhos.

Indispensável louvar a bondade de Deus ao situar os camelos nos desertos.

Esses prodigiosos animais têm músculos especiais no orifício das narinas, que impedem a entrada da areia, mas dão acesso ao ar para os pulmões. Suas pálpebras descem automaticamente sobre os olhos, qual tela barrando a areia, mas permitindo a visão! Grossas sobrancelhas protegem os olhos dos raios inclementes do Sol, o que os obriga a andar sempre de queixo erguido. Não é por orgulho.

Como veio, o vento se foi.

Os caravaneiros aproveitaram a parada forçada e fizeram a segunda oração do dia.

Alimentaram-se com pedaços de pão e queijo feito com leite de camela. Os camelos também receberam uma ração à base de grama e plantas rasteiras que crescem nos desertos.

Logo, puseram-se a caminho.

"Para onde iam? Qual a atividade principal daqueles homens? Eram bons? Eram maus?"

Todas essas perguntas percorriam ininterruptamente o cérebro de Teqak, que a tudo observava, na esperança de descobrir, ao menos, uma resposta para qualquer uma daquelas perguntas que não cessavam de martelar-lhe a cabeça.

No meio da tarde, a caravana interrompeu a marcha, e todos, como sempre, fizeram abluções com areia: era a terceira oração do dia. Como em todas as demais, ficaram voltados coletivamente para uma mesma direção: a cidade de Meca.

Quando o Sol se despediu daquela imensidão desértica, os homens estacionaram e logo fizeram a quarta oração. À noite, fariam a quinta e última, do dia. Com isso, mostravam seu grande respeito às tradições muçulmanas, particularmente aos preceitos do Alcorão, o Livro Sagrado, verdadeira constituição para os povos árabes que em Maomé[2] vêem o Profeta de Alá, assim como os cristãos, em Jesus, vêem o filho de Deus.

Após alimentarem-se, os homens fizeram uma fogueira junto da qual permaneceram por mais ou menos duas horas, antes de irem dormir.

O chefe da caravana, o dia todo, sequer olhou para Teqak, o *perdido*, como o denominara. Este, retraído, sem saber ao certo como proceder, queria achegar-se mais perto do fogo, pois a temperatura, há pouco causticante, agora, ao anoitecer, declinava rápido.

Mas a roda dos caravaneiros estava fechada e Teqak não ousava requerer espaço.

Mazhiv, que o atendera, socorreu-o, abrindo pequeno espaço onde se encontrava e com um gesto amigável convidou-o a tomar assento na roda. Mais do que depressa, aceitou e acocorou-se, ficando entre o *assistente* e outro homem, que sequer o olhou, antes de se encostarem, para a troca recíproca de calor.

No deserto não há regras de etiqueta, e sim regras de sobrevivência: a primeira delas é a do corporativismo: na caravana, todos defendem todos. Isso não deve ser confundido com solidariedade ou fraternidade, menos ainda, ante perdidos, geralmente desconhecidos encontrados a vagar por ali. Atendendo-os, o que se intenta é lucrar algo,

---

2 – Maomé (em árabe *Muhammed* – 570-632): fundador do Islamismo, islã ou religião muçulmana. Antes de Maomé, o Judaísmo e o Cristianismo vigoravam nos costumes tribais da Arábia. Foram substituídos pela Lei Corânica (*charia*), consolidada no Alcorão, que é o Livro Sagrado dos muçulmanos, escrito por Maomé. (N.E.)

sempre, diante de qualquer circunstância, fortuita ou não. Teqak, assim, tinha a cabeça a prêmio. O que o chefe da caravana e seus companheiros queriam saber era o valor desse prêmio.

– Meu nome é Mazhiv, disse-lhe o *assistente* e essas foram as primeiras palavras que lhe foram dirigidas desde que se puseram em marcha, na manhã daquele dia.

Desnecessárias palavras, aliás, pois Teqak já sabia o nome dele.

Teqak, diante dos inexplicáveis obstáculos da tumultuada rota que o levara a estar ali, perdido no meio de desconhecidos, uma pequenina fenda se abria na impenetrável muralha dentro da qual se encontrava aprisionado pelo destino. Sim, porque embora tivesse a amplidão e a liberdade de ir para qual direção quisesse, não podia abandonar ou sair da caravana, sem que isso certamente representasse sua sentença de morte. Suicídio.

Cauteloso, mas ávido por conhecer o que lhe reservava o futuro, respondeu, gentilmente:

– Eu sou Teqak.

Mazhiv demonstrou surpresa e olhou-o de forma enigmática.

– Como você está se sentindo? – perguntou-lhe.

– Bem, graças ao senhor.

– Já lhe disse, graças a Alá!

– É, graças a Alá, que colocou esta caravana no meu caminho e o senhor nela, para salvar-me.

– Não, filho, Alá não nos colocou na sua direção para isso. Na verdade, nunca sabemos os desígnios que nos aguardam.

Teqak não conseguiu segurar nem conter a dúvida maior que lhe espicaçava a alma:
– Eu estou prisioneiro?
– Ninguém é prisioneiro de ninguém, filho. Apenas, somos todos prisioneiros do nosso passado.
– ?!
– É isso mesmo: só se sente preso quem tem culpa. E a culpa é o fardo mais pesado do homem, tão pesado que nem mesmo o mais forte dos camelos tem resistência para transportá-lo. É da sabedoria de Alá que cada um carregue sua bagagem na vida. Por isso é que Ele aconselha a todos o respeito a tudo o que criou, a responsabilidade de cada um em todos os atos que pratica e, sobretudo, ouvir a voz interior que fala ao coração.

Os outros homens da roda em torno da fogueira pararam suas conversas e, com venerando respeito, puseram-se a ouvir Mazhiv. Podia ver-se na expressão de muitos deles que até parecia que ele falava diretamente a cada um.

Sentindo o momento de calma Teqak ousou:
– Para onde vão?

Logo se arrependeu. Ninguém lhe respondeu. Mazhiv e os homens olharam-no enigmaticamente. Bem depressa decifrou o enigma: aqueles olhares eram, na verdade, a eloqüente pergunta que eles estavam dirigindo a ele: "De onde você veio?".

Invadiu-lhe, no mesmo momento, instantâneo mal-estar, diante da sua realidade ali, sentindo-se, ele próprio, um estranho, perdido, porque a imensidão desértica jamais foi ou será adequada à vida individual; isolado, já que não conhecia nenhuma das dezenas de pessoas que ora o rodeavam e sobre ele cravavam duros olhares; e sem o sentido da vida, porque, o que poderia mais esperar do futuro, tendo o passado a algemar-lhe as esperanças? Aliás, não desconhecia que para ele o futuro deixara de existir, pois aqueles homens, agora, eram donos da sua vida.

Com exceção de Mazhiv, ninguém sequer lhe perguntara o nome.

Dissera a Mazhiv seu nome, mas sem que tivesse sido perguntado.

Meio sem jeito, encabulado e algo temeroso, respondeu balbuciando:

– Desculpem-me.

A conversa encerrou-se.

Oraram todos.

Mazhiv deu-lhe uma grossa manta de lã, eis que o frio já descera sobre a noite do deserto, contrastando com o calor do dia.

Ao agasalhar-se com a manta, Teqak teve a estranha e inexplicável sensação de que aquela peça lhe era conhecida. Mas, como?!

Quanto mais se intrigava ante aquela impressão, mais certeza tinha de que, de fato, a manta "falava com ele, como se fosse gente". E o que a manta dizia não era nada bom.

Adormeceu, e acordou várias vezes. A manta, em vez de abrigo, provocava-lhe mal-estar. De forma impressionante, vinha-lhe à mente a figura de seu amigo, o doutor René. Não saberia dizer se sonhara com ele ou se apenas tivera pesadelos recorrentes, nos quais a manta era o próprio amigo, que falava com ele, tal se estivesse ali, junto dele.

Não se lembrava o que dizia o amigo. Mas, no subconsciente sabia que eram coisas ruins.

De manhã, ao devolver a manta para Mazhiv, este lhe disse para ficar com ela até o tempo de permanência na caravana. Teqak, agora bem acordado, já se sentindo melhor, depois de dormir, não tinha mais a menor dúvida: "René tinha alguma coisa a ver com aquela manta, mas o quê?". Escaldante pergunta, que não deveria ser formulada, até porque, nas condições em que se encontrava, o que mais a prudência aconselhava era o silêncio.

Quando partiram, Teqak pegou a manta e na mesma hora uma estranha sensação de perigo foi tomando vulto em seu cérebro, a de que estavam sendo seguidos de perto, por outra caravana.

Largando a manta a sensação desaparecia.

Conforme as horas passavam e cada vez que tocava na manta, aquela sensação aumentava.

Quando fizeram a refeição, perto do meio-dia, Teqak, subitamente, ficou aterrorizado com outra sensação ainda mais desconfortável que se apossou dele: a de que mais uma caravana os estava seguindo também, só que pelo ar. Seu pavor devia-se ao fato de que, nada vendo, nada podia fazer e menos ainda falar. Quando, horas após, a sensação se transformara, de forma inexplicável, em certeza absoluta de que estavam sendo espreitados por duas caravanas inimigas, uma das quais aérea, não pôde se conter. Acercou-se de Mazhiv e aflito falou:

– Mazhiv, Mazhiv, estamos sendo seguidos.

O homem olhou-o com bondade, compreendendo que o sol, àquela hora, de fato produzia imagens ou miragens.

– Sei, sei – respondeu, tolerante, acrescentando: quando erramos, produzimos sombras que nos acompanham e só nos deixam quando novos atos produzirem luz, para iluminar a alma. Não precisa me dizer o que andou fazendo até se perder. Não precisa.

– Mazhiv, pelo amor de Deus, quer dizer, pelo amor de Alá, avise a todos!

– Avisar o quê, meu filho?

– Que tem gente querendo nos prejudicar.

– Ora, Teqak, ninguém ousaria atacar-nos. Ninguém! Somos numerosos e estamos bem armados.

– Mas são duas caravanas contra nós!

Mazhiv pensou:

"Pobre homem, está vendo coisas, duas caravanas, bem se vê que não sabe nada sobre o deserto".

– Mazhiv – insistiu Teqak – sei que você não acredita em mim, que pensa que eu não sei como é a vida no deserto, mas é verdade: estamos em perigo!

Surpreso porque *o perdido* praticamente lera seu pensamento, Mazhiv advertiu-o:

– Um alarme falso, dessa ordem, pode custar-lhe a vida! Tome muito cuidado com esse tipo de pensamento. Nosso chefe não é bom nem é mau: é apenas fiel à justiça do deserto, onde a mentira custa o preço da vida. Essa regra, a da verdade, é fundamental para nossa sobrevivência. Qualquer que seja a verdade, ela é sempre bem-vinda e mil vezes preferível à menor mentira. Jamais se esqueça disso, enquanto estiver no deserto.

– Mas, Mazhiv, nem eu sei explicar como é que estou sentindo essas coisas, esses pensamentos, essa certeza...

– Vamos fazer uma coisa: se daqui a algum tempo, mais ou menos antes de o Sol se pôr, você ainda estiver com essa coisa na cabeça, veremos o que se pode fazer. Agora, tome um pouco deste mel, um pouco de água e pense em Alá.

Por cerca de mais duas horas a caravana prosseguiu. Nem Teqak, nem Mazhiv, disseram nada um para o outro. Ao poente, estacionaram. Duas horas após, Mazhiv dirigiu-se a Teqak:

– Então, Teqak?

Olhando firme para Mazhiv, *o perdido* respondeu com calma:

– Não me importa muito viver, depois de tudo o que me aconteceu, mas se vocês querem se salvar, estejam alertas.

– A noite é sempre boa conselheira, meu filho. Procure dormir bem.

– Mazhiv, se for mesmo do meu destino morrer, tanto faz que seja de uma forma ou de outra. Leve-me ao chefe!

– Para quê?

– Vou convencê-lo.

– Como?

– Venha comigo e verá.

– Sabe de uma coisa, Teqak? Vou levá-lo sim, mas antes vou conversar com ele.

Dizendo isso Mazhiv afastou-se e foi até Mueb:

– Peço licença a essa respeitável chefia para pedir-vos anistia, diante do pecado de jogar fora um pequeno pedaço do vosso tempo de repouso.

Mueb, cansado pela lida do dia, foi autoritário:

– Dou-te a metade do tempo que pensas roubar-me.

– Oh! Graça infinita, nosso hóspede compulsório, o *perdido*, diz coisas estranhas e parece que quer deixar a vida.

– Que vá.

— Antes, quer convencer-vos de que corremos sério risco.
— O quê? Acreditas nisso?
— Só acredito nos meus olhos e eles nenhum perigo vêem.
— Amanhã será deixado em companhia dos seus medos. Não nos acompanhará mais!
— Não haverá amanhã! – exclamou Teqak, irrompendo no interior da tenda.

Com a desculpa de que vinha esperar Mazhiv, pôde aproximar-se do abrigo de Mueb, onde adentrou abruptamente, após ouvir que no dia seguinte seria expulso da caravana, sendo abandonado no deserto.

Um guarda adentrou também na tenda e com a adaga já no alto, contra Teqak, foi impedido por Mueb:

— Deixe esse infiel *perdido* falar. Só por esse atrevimento já não mais terá as horas de vida que teria até amanhã. A sentença de morte foi decretada, por ele mesmo.

O guarda abaixou a adaga, mas permaneceu alerta.

Teqak enfrentou o olhar feroz de Mueb:

— Não sei me dirigir a você com as regras necessárias, mas devo-lhes gratidão, por terem me acolhido. Não é o caso de narrar como vim parar no deserto, mas foi com violência. Deduzo que estou sendo considerado traidor, no meu país. O que sei da lei do deserto é que eu sou prisioneiro de vocês e logo me venderão como escravo. Assim, agora, pouco me importa viver ou morrer, já que num caso ou noutro, minha vida passou a ser a prisão, cujas grades são más lembranças. Por isso, não temo a morte!

O tom enfático e corajoso com que pronunciou essas palavras mexeu com Mueb.

Bruto, mas prático, captou que as insólitas palavras do *perdido* escondiam algo muito forte, muito dramático, talvez capaz de render dividendos para a caravana. Determinou:

– Se você quer ir "para o lado de lá" – disse, olhando para o céu –, isso é problema seu, mas se esta caravana corre riscos, isso é problema meu.

Em tom furioso determinou:

– Diga agora, e sem rodeios, que história é essa de que estamos sendo seguidos!

– Venham comigo! – respondeu Teqak, saindo da tenda.

Outra atitude estranha, essa de levar os homens para fora da tenda. Movidos mais por curiosidade do que por qualquer crédito a ele, saíram todos, seguindo-o.

Do lado de fora a noite já envolvia todo o deserto.

E com a noite, vieram as estrelas – milhares delas –, fixadas na tela celestial pelo Divino Pintor, irradiando brilho e paz, naquela mesma tela onde durante o dia Ele alocava apenas uma, o Sol, brilhando soberano. Essa obra, que vem sendo ofertada desde sempre, tem garantida sua doação para o futuro insondável.

Criar os dias para a eternidade e dividi-los em metades, de características opostas (luz e sombra), em ambas projetando as bênçãos também opostas, da dinâmica e do descanso, da vigília e do sono, tal é apenas uma das infindáveis bênçãos da obra de Deus, em favor da Humanidade terrena. Como quase todas as demais, deslembrada pelos homens.

2

O "norte" do bem

Teqak estava trêmulo.

Mueb, Mazhiv e o guarda esperavam o que ele tinha para dizer-lhes.

Vendo-os, mais alguns homens se aproximaram.

Como se estivesse em profundo transe, Teqak falou:

– Há uma tempestade vindo em nossa direção e vem pelo alto.

Gargalhando, os homens raciocinaram: "tempestade vindo pelo alto só pode ser chuva; mais fácil seria um camelo voar do que chover no deserto, ainda mais com aquele céu multiestrelado". Zangado e com objetividade Mueb inquiriu:

– De que direção vem a chuva, quero dizer, a tempestade?
– De todos os lados!
– E quando vai chegar?
– Bandidos invisíveis, sem camelos, vêm do alto guiando bandidos com camelos.
– ?!

Ante a incredulidade de todos, Teqak complementou, esclarecendo:

– Não é chuva, é fogo: o objetivo deles é explodir a caravana, quando chegarem os estrangeiros, e tudo isso, em nome da lei!

– Agora começo a compreender – ironizou Mueb, deduzindo: – então era por isso que você estava com aquele detonador...

– Pelo amor de Deus, do que você está falando? Eu não tenho detonador algum.

Mazhiv decidiu intervir. Olhou para Mueb, como a solicitar permissão para alguma iniciativa. Como o chefe, num gesto mudo consentisse, Mazhiv pôs a mão no ombro de Teqak e disse-lhe com bondade:

– Filho, não há tempestade no deserto, nem de água, nem de fogo. Além disso, nós não fizemos mal algum que motivasse vingança de alguém. Somos mercadores de tecidos e roupas feitas com lã, tudo oriundo de camelos. Estamos de volta à capital, pois já não temos mais nenhuma peça para vender. Os valores que temos não justificam as perdas humanas que ocorrerão se algum grupo tentar nos saquear, pois sabemos nos defender. O melhor que você pode fazer agora é ir dormir. O Sol tem lhe feito mal às idéias.

Olhando para Mueb, qual se fosse advogado de defesa, buscando complacência, Mazhiv completou, dirigindo-se a Teqak:

– O deserto mexe mesmo com a cabeça da gente, principalmente quando não se está acostumado a ele. Compreendemos sua boa vontade em procurar nos alertar quanto a perigos. De nossa parte vamos considerar que, de alguma forma você, no fundo, está demonstrando gratidão por termos salvado sua vida.

Teqak, destemidamente, olhando firme para Mueb, deixou todos os homens arrepiados ao dizer-lhe com segurança na voz:

– Você e seus homens não fizeram mal para o povo, mas para algumas autoridades. Quando o seu camelo ficar inquieto nesta noite, talvez já não haja tempo para qualquer defesa.

Mueb agarrou o pescoço do *perdido*, apenas com a destra e raivosamente respondeu:

– Meu camelo, para mim, é como filho. Se acontecer qualquer coisa com ele, você morre! E começo a saber quem você é: um espião!

Com um gesto mais vigoroso, ainda apenas com a mão direita, jogou Teqak no chão, virou as costas e ia já retornando à tenda quando o *perdido*, caído e com a garganta doendo, balbuciou:

– Quando a estrela azul se aproximar da Lua o camelo vai avisar do perigo.

Mueb estacou. Voltou-se lentamente, olhou para o homem caído e num gesto inconsciente, olhou para o alto. De fato, a estrela de grande brilho, na verdade, o planeta

Saara: Palco de Redenção

Vênus, não estava muito distante da Lua. E, pela treinada observação que aqueles homens faziam das estrelas, sabiam todos que não tardaria para que os dois corpos celestes se aproximassem um do outro, quase entrando em conjunção[3].

Pelo menos as palavras de Teqak tinham uma pequena parcela de lógica. Pequena, mas suficiente para despertar em todos um vago sentimento de insegurança. O que Teqak desconhecia era o acendrado patriotismo daqueles homens, tanto que a bandeira do seu país trazia mesmo o emblema daquele raro e deslumbrante fenômeno astronômico.

Além do mais, naquelas circunstâncias, Mueb tinha para si que Teqak, desarmado e sem o detonador, nada representava e nem merecia qualquer crédito. Mas seu camelo, oh!, sim, seu camelo era-lhe companhia e servidor fiel, incapaz de traí-lo. E esse sentimento pelo animal foi o suficiente para que se precavessem. Determinou:

– Acordem todos e vamos ficar fora dos abrigos até a estrela chegar bem perto da Lua. Por enquanto quero todos despertos e com as armas na mão.

Com um olhar terrível dirigido a Teqak instruiu seu guarda-costas:

– Uma hora depois da aproximação lá no céu, se nada acontecer, o *perdido* não deve mais ficar conosco: que seus medos e seus presságios sejam a companhia dele no Inferno dos infiéis.

O homem compreendeu e num gesto sintomático, cuidadosamente passou o dedo no fio da sua adaga.

---

3 – Em vários países onde o Islamismo é a religião oficial, sua bandeira representa a conjunção da Lua com estrela(s). No Alcorão, em inúmeras suratas (capítulos) há citações tanto sobre a Lua quanto sobre as estrelas. (N.E.)

Algo descrentes, mas cautelosos, cada um dos caravaneiros posicionou-se em guarda, como que aguardando ataque iminente de desconhecidos agressores. Os homens se distanciaram dos abrigos, em estratégia de combate, de forma a não serem surpreendidos e sim surpreender eventual inimigo.

Teqak, apenas ele, recebeu "merecida recompensa": ficar no centro da caravana, de pé, como se fosse um vigilante. Na verdade, não passava de isca. Pois não foi ele quem causou aquele desconforto, anunciando ataque de inimigos invisíveis, dirigindo salteadores, tudo isso numa tempestade de fogo?

Quando a estrela se aproximou da Lua, Mazhiv, com as mãos cavoucou um pequeno buraco na areia e nele introduziu sua flauta de bambu. Com cera de mel de abelha havia tapado todos os furos da flauta pelo lado externo, só deixando aberta a boquilha, onde ajustou seu ouvido. Desacreditando no que captou, rastejou qual serpente até chegar junto de Mueb e quase sem fala alertou-o:

– O infiel tem razão! Há alguma coisa vindo em nossa direção. E está perto.

Mueb perguntou a Mazhiv:
– De que direção?

Não houve tempo para Mazhiv responder. Os vários clarões que foram surgindo por detrás de uma das dunas contaram que muitas tochas estavam sendo acesas, quase ao mesmo tempo. Os indicativos de ataque, plenamente caracterizados, não deixavam dúvida de que a caravana seria atacada de surpresa. Pelos clarões em outras dunas isso significava que os atacantes vinham em semicírculo.

Saara: Palco de Redenção

A uma ordem de Mueb aos seus companheiros, que estavam preparados, com incrível rapidez todos se posicionaram atrás das tendas, também em semicírculo.

Mal Mazhiv murmurou o aviso, o camelo de Mueb começou a blaterar, em tom tão sinistro como havia muito tempo não se ouvia. Mas, os experientes homens do deserto, lidadores contumazes com camelos sabiam, por ter aprendido em duras refregas, que todas as vezes que tais animais assim procediam, era aviso de que alguma coisa estava para acontecer, à revelia da caravana. Tanto poderia ser uma tempestade de areia quanto uma aproximação de pessoas, as quais poderiam ser mal-intencionadas, ou não. A percepção quase intuitiva dos camelos, irretorquivelmente já comprovada nos desertos, sempre funcionou como a mais eficiente mensagem barométrica de alerta, determinando providências urgentíssimas, visando sobrevivência.

Quase no mesmo instante os demais camelos começaram também a blaterar, igualmente, de forma anormal.

Mueb e Mazhiv arregalaram os olhos, um olhando para o outro, num diálogo mudo, como a dizerem, em coro: "o *perdido* tinha razão!".

Numa dedução de um segundo, Mueb compreendeu a tática do inimigo: lançar as tochas nas entradas das tendas para pegar os usuários desprevenidos. Quando saíssem, em pânico, estando encurralados, seriam alvos fáceis de serem atingidos ou presas fáceis.

De fato, no mesmo instante as tochas foram arremessadas nas tendas. Com precisão.

Teqak, sem ter como escapar ou reagir, deitou-se na areia e foi isso que o salvou de ser atingido na cabeça ou no tórax por três ou quatro tochas acesas lançadas sobre ele.

O que os desconhecidos não contavam é que os elementos da caravana estivessem alertas, prevenidos quanto a eventual ataque.

O número de agressores, na verdade, era maior que o dos componentes da caravana e estavam certos da vitória, pois contavam ainda com elemento surpresa a seu favor: vindos da escuridão e estando com a vista acostumada à pouca claridade, por si só esse fator já lhes contemplava enorme vantagem. Esperavam que os agredidos, ao serem bruscamente acordados e ante a terrível ameaça do fogo, necessariamente estivessem sem as armas e com a visão prejudicada. Além do mais, diante do natural pavor do fogo que todos os seres vivos trazem latente, estando os caravaneiros com os trajes mais soltos, até conseguirem se recompor, empunhar as armas e organizar a defesa, não haveria chance para que o conseguissem.

Num combate, como se vê, jamais se poderá comparar a inteligência humana com a atividade predadora dos animais que, pelo instinto, buscam surpreender a presa, impedindo-lhe defesa: rastejam, ficam contra o vento, se disfarçam, ou então, o que é mais rotineiro, se valem da força contra os mais fracos. Mas é forçoso reconhecer que aos animais, move-lhes a fome. Assim agem pela sobrevivência.

Mas, e o ser humano? Quais seus objetivos ao atacar semelhantes de surpresa, valendo-se de astúcia e de traição? Dominação, na maioria das vezes, seguida de morte ou escravização.

Mazhiv, vendo Teqak rodeado de tochas, teve um momento supremo de piedade e sem que Mueb ou qualquer outro caravaneiro tivesse tempo de impedi-lo, lançou-se de onde estava em direção ao *perdido*, para de alguma forma socorrê-lo.

Saara: Palco de Redenção

    O gesto do venerável homem – o mais velho da caravana – funcionou como senha deflagradora do contra-ataque. Com efeito, sem que houvesse necessidade de qualquer comando, que deveria partir de Mueb, os caravaneiros é que surpreenderam os inimigos, que praticamente vinham na direção deles, iluminados pelo fogo nas tendas, sendo eles alvos fáceis.

    Ignoravam os salteadores que toda a caravana, em estratégica defesa, armada, posicionara-se voltada para onde se dirigiam, estando bem preparada para recepcioná-los.

    Quem queria surpreender foi surpreendido.

    Ambos os lados estavam bem armados e com a vista adequada à noite.

    Dessa forma, o que se desenrolou foi batalha feroz, de forças equiparadas, pois embora os atacantes estivessem em maior número, a privilegiada posição dos defensores deu-lhes plena supremacia no combate.

    Mazhiv, na destemida disparada em direção a Teqak, foi o primeiro a ser atingido por tiro fatal.

    Caindo a pouca distância de Teqak, este, ao perceber o risco enorme e solidário a que aquele homem maduro se expusera para salvá-lo, e vendo-o tombado, ensangüentado, ergueu-se num salto e protegeu-o de outros tiros, recebendo ele próprio dois, que o atingiram, um no braço esquerdo e outro, de raspão, nas costas.

    No mesmo instante, arriscando a vida, Mueb repetiu o gesto de Mazhiv, vindo agora para protegê-lo, chegando bem a tempo de eliminar dois agressores que estavam prestes a matar os dois feridos.

Mueb teve de se afastar de perto deles, prosseguindo a duelar com outros bandidos que vinham na direção dos três. Foi ferido, mas afastou qualquer ameaça a Mazhiv e Teqak.

Os olhos de Mazhiv, mesmo a pouca luz, brilhavam.

Teqak deitado sobre ele, formando um escudo humano, ficou praticamente "olho no olho". E foi só por isso que o ouviu murmurar-lhe, em tom súplice:

— Pode me deixar, já vivi muito, você ainda tem muito a fazer.

— Mazhiv, Mazhiv, que loucura foi essa?!

— Você tinha razão. Quando compreendi isso e vi-o solitário no meio da caravana, qual o cordeiro ofertado por Abrahão, não contive o impulso de tentar ajudá-lo, pois não seria justo você morrer, depois de nos ter prestado tão grande favor.

— Grande favor? O que está dizendo? Favor fizeram vocês, me salvando. Eu, anunciando o ataque, também estava pensando em me salvar.

— De qualquer forma, você está escolhido para ser agente de Alá.

Mazhiv teve um estremecimento brusco e logo uma irrefreável golfada de sangue saiu-lhe pela boca. Sufocado e quase não podendo falar, disse a Teqak:

— Estou indo para Alá.

Como que distante do fragor do encarniçado combate, Teqak sentiu-se tocado de admiração e imensa gratidão por aquele homem que mal conhecia. Mais que gratidão e admiração: tocando-o, sentiu uma instantânea, inexplicada e transcendental amizade.

E, incrível: era esse mesmo sublime sentimento que os olhos de Mazhiv gritavam-lhe à alma, em recíproco e cândido olhar, que espelha o amor fraternal no que ele tem de mais verdadeiro, em todos os palcos e ecos, um amigo refletindo o que vai pela alma do outro.

Mil testemunhos, discursos em pergaminhos ou registros quaisquer, não têm e jamais terão a eloqüência de olhares que se cruzam e dialogam, mudos de palavras sonoras, mas plenos de sinceridade. Às vezes, num segundo, pelos olhos, consegue uma alma expressar toda uma expectativa, num universo de sentimentos que lhe habita de forma intensa. E se esse olhar é dirigido a alguém que compartilha do mesmo ideal, aí teremos a mais cristalina das linguagens, propiciadora de entendimento integral.

Pesa-nos registrar que, da mesma forma que esse processo trilha o amor, trilha também o ódio. Nem vamos nos deter a comentar essa triste verdade, apenas relembramos de Jesus, quando, numa dramática sugestão, aconselhou que melhor seria arrancar o olho do que permitir que ele fosse instrumento do mal[4].

Mazhiv, já com grande dificuldade para respirar, balbuciou ainda:

– Antes de entregar-me aos mensageiros de Alá, preciso corrigir um erro, aliás, já não poderei corrigi-lo, por isso, vou pedir a você.

– Mazhiv, não se esforce muito. Vou buscar socorro.

– Não perca tempo nem se mexa. Sair daqui significará sua morte. Aliás, sou eu que curo os doentes da caravana. Os minutos agora, para mim, valem mais que todos os camelos do deserto.

---

4 – Mateus, 18-9. (N.E.)

– Onde estão os remédios?

– Os remédios estão dentro de nós mesmos, o remédio de que eu preciso neste momento é revelar um segredo.

Instintivamente, Teqak olhou em volta. O combate ia a meio, com uma gritaria infernal: palavrões de ódio ou de vanglória, gemidos de dor, tudo isso acrescido dos estampidos e dos rastros de fogo das armas, silvando o ar. Além dessa balbúrdia, os camelos da caravana blaterando aflitos e os cavalos dos agressores relinchando e zurrando, destrambelhados todos os animais, faziam lúgubre coro às imprecações, transformando aquele pequeno pedaço do deserto numa grande filial do Inferno, segundo descrito em algumas escrituras.

Teqak sequer arredou pé, entendendo que de fato, caso se movesse, colocaria em risco sua vida e a de Mazhiv. Para sorte de ambos, praticamente foram deixados à margem do sangrento combate pelos agressores, pois deitados, sangrando e evitando movimentos, nenhum dos dois lhes representava perigo.

Mazhiv insistiu:

– Ouça-me: preciso contar uma coisa.

Teqak, subitamente, teve medo. O que será que aquele bondoso homem teria de tão importante para revelar? Deduziu, por força de sua formação profissional, que Mazhiv agonizava. Nova convulsão, seguida de hemorragia no local do ferimento, deixou entrever que o estado dele era terminal. Intuição ainda maior perpassou-lhe qual relâmpago pela mente: ele e Mazhiv já se conheciam, de muito, muito tempo. "Mas, como isso era possível? Jamais vira aquele homem!"

3

A consciência e o arrependimento

É ensinamento espírita que Deus, na sua infinita sabedoria, equipou o homem de três ferramentas morais de inigualável eficiência: inteligência, consciência e livre-arbítrio.

Essas ferramentas devem ser utilizadas para proporcionar progresso espiritual: a inteligência analisa, a consciência sugere e o livre-arbítrio decide.

Contudo, pensamos que a consciência é a principal ferramenta do espírito, representando verdadeiro manual técnico de comportamento. Pode ser comparável a uma bússola cujo ponteiro indica de forma infalível o rumo do bem, numa simbologia da luz solar do meio-dia, quando os ponteiros do relógio se casam e apontam para o alto de um mostrador de 360 graus. Apontam para o Norte (aqui entendido como o Alto, o Céu-Paraíso). Tal diretriz, o homem traz impressa em si mesmo desde sua criação, eis que Deus destinou-lhe à felicidade, que cedo ou tarde alcançará, dependendo da rota que seguir, desgastando tempo ou espaço, encontrando temporais e trevas, frio ou calor.

A consciência, exercendo a permanente atividade de propor rumos, quando não aceitos, parece eclipsar-se ante o império de descaminhos predominantes. Ledo engano! Ela é chama inextinguível e companheira do homem para a eternidade!

Como conseqüência de nossos deliberados atos, o livre-arbítrio convoca sua escudeira fiel: a *responsabilidade*, que agindo em nome da Justiça Divina, atribui-nos mérito ou débito, proporcionais ao bem ou ao mal que tenhamos causado.

Além do mais, a consciência também tem um escudeiro fiel: o arrependimento.

Ah! O arrependimento...

Mazhiv, muitos anos atrás, inflamado de pensamentos nacionalistas, associara-se a líderes interesseiros, muitas vezes chegando à violência nas manifestações em prol da causa em que acreditava. Logo se viu forçado a viver às ocultas, trocando o aconchego do lar pelo anonimato. Disso resultaram graves conseqüências para a esposa e para o filho, dos quais precisou se afastar – a esposa morreu e o filho, ainda bebê, teve de ser criado por parentes. Abraçando a clandestinidade, saiu de seu país e dirigiu-se, afoito, para o centro de gravidade de onde vinham as maldades contra sua terra, intentando causar sérios prejuízos aos dominadores. Logo, porém, foi descoberto pelas autoridades e teve de deixar aquele território, deixando para trás uma mulher apaixonada que algum tempo depois foi até ele, ficando grávida e tendo de retornar. No meio da sua gente Mazhiv não encontrou mais aqueles líderes, que haviam sido presos ou eliminados. Só lhe restou refugiar-se no único local que conhecia bem e que garantia sua sobrevivência: o deserto. Após ter abandonado o equivocado modo de proceder na conquista dos ideais, perambulou por muitas localidades. Seu filho já estava crescido e tinha uma caravana, quando obteve essa informação. Já cansado e solitário, aproximou-se dele sem se identificar e foi perto desse filho que terminou seus dias...

Nos segundos que ainda lhe restaram de existência terrena, pressentindo-o, utilizou a bênção do arrependimento sincero – sempre aceito por Deus. E assinou ali um compromisso futuro de refazimento familiar, naturalmente com dificuldades decorrentes da oportunidade que malbaratara, fato esse subordinado à Lei da Justiça Divina, consubstanciado em ação e reação. Aquele momento e aquele lugar jamais poderiam ser considerados adequados a qualquer contrato ou acordo, mas foi ali mesmo que a Providência Divina utilizou, como um imaginário cartório, no qual teve fim pacífico, antiga demanda de almas em litígio.

Já em estertor, Mazhiv confidenciou:

– Mueb não sabe... mas é meu filho...

– Por Alá! O que quer dizer isso?

Acometido de fortes dores, num sobreesforço, Mazhiv conseguiu mostrar um tímido, mas feliz sorriso:

– Você, que é infiel, disse o nome de Alá... que bom...

– Por Alá, por Deus, pelo grande Criador, pelo Pai de toda a Humanidade, diga-me, Mazhiv, o que posso fazer?

— Tenho um irmão... que precisa de ajuda... Ele se chama Mareb... e mora na capital...

— Que ajuda ele precisa? Dinheiro?

— Não... não... Deixei-o com algumas posses... ele e minha cunhada criaram Mueb, pois abandonei o lar quando a mãe dele morreu... entrei numa vida de extravagâncias e tolices... Imploro a você que procure meu irmão e diga a ele que me arrependi...

Nova convulsão anunciou que aquele moribundo estava no final da existência. Num derradeiro esforço pediu a Teqak:

— Parece que eu o conheço... não sei de onde... imploro-lhe que diga a Mueb que sempre o amei... Prometa-me que cuidará dele... Ele é nervoso, mas tem ouro no coração...

Fazendo grande esforço Mazhiv ainda conseguiu dizer:

— Até aqui no deserto crescem vigorosas plantações...

Como Teqak não pudesse imaginar plantações na areia, Mazhiv esclareceu-lhe:

— Nossos atos são como mudas que germinam na alma...

Num sentido e prolongado suspiro, Mazhiv demonstrou que intensa paz o envolvia. Suas últimas palavras, com expressão serena, foram:

— Amo você também, Teqak...

Percebendo que a vida física daquele homem acabara, instintivamente Teqak o abraçou, comovido, presa de forte emoção, fazendo abundantes lágrimas se fundirem ao sangue que fugia daquele corpo, ao qual generosamente dera longos anos de vida.

Entre soluços doloridos colocou a destra no peito de Mazhiv e murmurou:

– Cuidarei de Mueb. Prometo-lhe!

Sucumbindo a uma extrema fraqueza, advinda da perda de sangue, Teqak desmaiou.

Mazhiv transpôs a fronteira da vida física e chegou adormecido ao plano espiritual, onde foi acolhido por braços protetores, que o encaminharam a pouso de refazimento.

Não demorou muito e aos poucos a sangrenta batalha diminuiu de intensidade, até que apenas lancinantes gemidos de dor cortassem a noite.

Como saldo, dois terços dos caravaneiros sobreviveram, conquanto quase todos feridos, alguns com extrema gravidade. Apenas dois ou três agressores estavam vivos, também feridos.

Aos poucos, os gemidos naquele campo de batalha foram rareando, até que apenas um ou outro se ouvia e assim mesmo sem nenhuma energia.

Ia embora a madrugada e chegavam as primeiras nesgas da alvorada, incidindo diretamente no rosto de Teqak, quando, mesmo sob proteção das pálpebras, o nervo ótico acionou o cérebro, num ato reflexo que determinou pronta defesa: "acordar!". Qual se um despertador estivesse bem dentro da sua cabeça, abriu os olhos e ao ver-se abraçado aos despojos de Mazhiv, teve três pensamentos simultâneos: "Mazhiv", "Mueb", "perigo".

De um salto colocou-se de pé, logo se arrependendo de ter agido assim, por impulso, eis que lancinante dor percorreu-lhe o braço. As costas pareciam estar em fogo. Mas arrependeu-se principalmente porque era melhor não se mexer antes de conferir se corria algum perigo. Aliviado, constatou que só ele e alguns animais se mexiam.

Atarantado e sem saber quanto tempo ficara abraçado ao cadáver de Mazhiv, qual sonâmbulo pôs-se, com medo, a percorrer aquela área. Tinha ainda receio de, a qualquer instante, ser agredido por algum combatente inimigo.

Com a luz solar quase plena pôde identificar melhor tudo à sua volta.

O quadro era de desolação e morte: terror, terror, terror! Homens e animais mortos.

À beira de um colapso nervoso, diante do nefasto quadro do qual era a única testemunha.

"Água! Precisava de água!", pensou.

Não apenas por tudo isso acontecer no deserto, mas sim praticamente em todas as dores físicas, a água constitui bálsamo divino, principalmente quando se trata de lavar ferimentos. Nos casos de hemorragia, é indispensável reidratar o ferido.

Cautelosamente, tocou nos poucos feridos graves, de ambas as facções, que o vendo, imploraram-lhe socorro, e água. Muitos, sequer podiam se expressar – suas almas logo seriam colhidas pela morte, como se ela fosse um sedento beduíno[5] que, vindo da inclemência do deserto, chegasse a uma tamareira, cujos frutos estivessem à espera da colheita.

Sobrepondo a razão aos sentidos, então semi-entorpecidos pelo que via e ouvia, além do nauseabundo cheiro de pólvora mesclado a sangue, Teqak tentou encontrar Mueb, para cumprir a promessa que fizera a Mazhiv. Com sobressaltos na mente temia encontrá-lo morto. Mas pensou: "Se Mueb morreu, já não haverá mais necessidade de saber que

---

5 – Beduíno: árabe habitante das regiões desérticas. (N.E.)

Mazhiv era seu pai; aliás, o próprio Mazhiv, *do lado de lá*, por certo vai esclarecê-lo sobre o que aconteceu".

Imerso nesses pensamentos, por pouco não pisou em Mueb, que encontrava-se caído, com grande mancha de sangue no ombro.

Agindo agora mais por instinto do que pela profissão, agachou-se, apalpou-lhe o tórax e não havendo nenhuma reação colocou o ouvido à altura do coração, percebendo que estava vivo!

– Graças a Deus! – pronunciou baixinho.

Teqak ficou ali, imóvel, buscando idéia do que fazer.

À falta de qualquer recurso, fez respiração boca a boca em Mueb, cuja pulsação logo voltou ao normal, embora perdurasse o desmaio.

Nesse atendimento, tocou na sua jóia, da qual Mueb se apoderara.

Agindo com pleno direito, desprendeu o fecho e recolocou-a em si próprio.

Raciocinou que se de alguma forma não atendesse Mueb e os demais feridos, certamente muitos morreriam. Talvez todos.

Urgia tentar alguma providência.

Falava alto em sua consciência o dever profissional.

Lembrou-se do que Mazhiv dissera, antes de morrer: que ele atendia aos doentes.

Nessa heróica caminhada, Teqak pôde perceber, em autodiagnóstico, que era o que estava em melhor estado e praticamente não havia perigo para sua vida.

Dentre os destroços, foi de tenda em tenda, ou no que sobrou delas, à procura dos eventuais recursos que Mazhiv utilizava. Logo encontrou a tenda de Mueb, que estava tombada, mas não incendiada.

Encontrou alguma quantidade de armas, munição, alimentos e água!

Apanhou um tosco vasilhame que continha água e, antes mesmo de beber, lavou a região atingida no braço, despejando um pouco nas costas. A seguir, voltou para onde estava Mueb e como pôde acomodou-o melhor, cobrindo-o com uma manta. Tentou despertá-lo, mas demorou para haver alguma reação. Muitos minutos de tentativa e aos poucos o chefe da caravana abriu lentamente os olhos. Ao ver Teqak atendendo-o, nem precisou perguntar para saber o que havia acontecido.

Sem dizer uma palavra, Teqak mitigou-lhe a sede e lavou-lhe a ferida, pensando-a[6].

– Os inimigos – perguntou Mueb – estão todos mortos?

– Quase todos...

– Vamos acabar com os que ainda não foram para o Inferno!

É verdade espiritual que as virtudes traduzem Leis Morais Divinas, indelevelmente impressas na consciência de cada criatura humana.

Outra verdade: num segundo, ou num século, podemos agir ou reagir de forma a progredir ou, ao contrário, retardar nossa marcha evolutiva. Isso porque a cada ação ou reação desfocada daquele "norte", daquele "meio-dia", estaremos em desvio do rumo do bem.

---

6 – Pensando: do verbo pensar, que se refere a curativo, pôr penso. (Nota do Médium.)

E desvios, tanto quanto duvidosos atalhos, via de regra, atrasam o curso da viagem.

Todas essas reflexões foram aqui registradas tão-somente para que sempre tenhamos presente que a Vida se rege por leis, cuja maioria o homem desconhece. Apenas essa realidade já deveria ser poderoso impeditivo de qualquer ação no sentido de abreviar a morte, mesmo que a título de piedade, isto é, para livrar de dores o enfermo grave, ou então para antecipar-lhe o descanso.

Teqak, por força da profissão, pensava assim e assim agia. Foi enfático:

– De forma alguma há honra em matar feridos, por vingança.

Como Mueb o olhasse surpreso, disse sem receio:

– Sou médico, Mueb, não um assassino!

– Já que você quer se portar como santo, então vamos ser bondosos com eles, aliviando-lhes o sofrimento, despachando-os.

O tom de Mueb, mesmo ferido, era de ironia e vingança.

– Não sou santo – replicou Teqak com segurança, aduzindo: – pelo que conheço do Profeta Maomé, ele não autoriza matar ninguém, a título de piedade, agindo como Alá, o Clemente doador da Vida.

E acrescentou, em tom que não deixava contradita:

– Você sabe onde estão os remédios de Mazhiv?

Mueb arregalou os olhos e aflito inquiriu:

– Mazhiv! Sim, Mazhiv! Onde está ele? Ele...

– Sim, está morto.

Diante dessa confirmação, Mueb foi traído em sua natural aspereza: lágrimas, que vieram da alma, boiando nos olhos, demonstraram que naquele peito rude de beduíno havia uma pequena árvore do amor, embora de poucos frutos.

Teqak não esperou um segundo para alijar da alma parte do grande fardo da promessa feita a Mazhiv. À queima-roupa, sem rebuços, anunciou:

— Mazhiv deu-me a vida, em troca da dele. Nos últimos instantes, pediu-me que cuidasse de você.

— Por que ele teria feito esse pedido?

— Só pode ser por uma razão: ele tinha especial afeto por você.

Essa notícia constituiu-se em potente anestésico a Mueb, que tentou e conseguiu levantar-se, esquecendo-se da dor no ombro.

Olhou ao redor, confirmou o que Teqak já dissera, quanto a sobreviventes, dirigiu o olhar para o horizonte e em grande aflição solicitou:

— Por Alá! Onde está Mazhiv?

— Venha comigo.

Ao aproximar-se do corpo de Mazhiv, Mueb não se conteve. Abaixando-se, colou seu peito no do amigo e conselheiro de tantos anos. Só agora, em menos de um minuto, dava-se conta de que tivera mais do que um fiel companheiro, nele, quase um pai – "o pai que a vida lhe negara", conforme se lastimava intimamente. E mais: "como não amar aquele homem que por várias vezes lutara ao seu lado e que parecia sofrer mais que ele quando se feria?" Reviveu mentalmente as temerárias incursões pelo deserto, em sucessivas jornadas, nas quais lutando tão-somente pela sobrevivência, viu a preocupação de Mazhiv em protegê-lo.

Saara: Palco de Redenção

E não foram poucas as vezes que se viram envolvidos em ataques de tribos nômades de tuaregues[7].

O deserto, cujas areias o vento agita e leva daqui para ali, testemunhou em absoluta calmaria a eclosão do sublime sentimento de amor, na sua expressão mais pura.

De joelhos e em lamentos da alma, muito mais doloridos do que pela dor dos ferimentos, aquele rude chefe da caravana mais parecia um frágil garotinho que busca a proteção do pai.

No duelo entre as lágrimas e o equilíbrio emocional, venceram as lágrimas e foi assim que aconteceu, nas milenares paragens, o raríssimo fato de as areias se umedecerem, não por chuvas – estas, mais raras ainda –, mas pela manifestação exterior do que há de mais puro no interior do ser humano: o amor.

Ajudados por Teqak e Mueb os sobreviventes da caravana, rastejando penosamente, reagruparam-se na medida do possível.

Ambos, mesmo feridos, debilitados e em estado de choque, agindo quais autômatos, começaram a prestar atendimento a vários feridos.

Sem tempo para diagnósticos completos, Teqak viu-se possuidor de uma súbita quanto desconhecida intuição, e Mueb também, de forma que iam ministrando remédios e esperança aos que ainda se mantinham vivos.

---

[7] – Tuaregues: tribo nômade de língua berbere, que vive também no Saara, em permanente conflito com os colonizadores europeus. Como em toda sociedade, alguns componentes, destoando da maioria, tornaram-se fora-da-lei, promovendo assaltos. (N.E.)

Remexendo nos pertences de Mazhiv encontraram muitos remédios prontos, dentro de uma cesta feita de pêlos de camelo. Num embornal de couro, também de camelo, do qual Mueb se recordava que raramente Mazhiv utilizava, encontraram três pequenas facas, afiadíssimas, além de agulhas, fios resistentes, mechas de algodão e alguns frascos cheios de um líquido de cor parda. Num sobressalto Teqak apanhou os instrumentos, destampou um dos frascos e cheirou o conteúdo: álcool destilado, de trigo.

No mesmo instante, Teqak saiu parcialmente do estado de choque no qual vinha se mantendo em ações automáticas. Ante as facas e os demais apetrechos cirúrgicos, conquanto rústicos, exclamou:

– Mon Dieu! Mon Dieu! (Meu Deus! Meu Deus!)

Mueb, no mesmo instante, olhou-o de modo fulminante.

Sem o menor temor, mas consciente de que se expusera de modo perigoso, ao identificar-se, Teqak igualmente olhou firme para Mueb.

Os olhares de ambos mais pareciam o encontro de dois raios.

Por segundos que pareceram horas, ambos sustentaram de um lado a surpresa, do outro, a realidade.

Com efeito, com aquela simples expressão de louvor a Deus, impulsivamente pronunciada, Teqak pusera a descoberto suas ligações... E, tendo se apresentado, ali, com o nome de Teqak, subitamente, na mente de Mueb emergiu a suspeita de que estava diante de um espião do país opressor[8].

---

8 – Cabe aqui situar o ambiente no qual se desenrolaram os fatos até agora narrados: o Saara ocidental, onde um país africano, de cultura árabe, que por longos anos esteve sob domínio europeu. Isso originou forte sentimento de

Mueb pensou: "aquele detonador... com ele... não se destinava a uma festa...".

Num ato em que o subconsciente comandou, Mueb apalpou o peito, como que procurando algo. Não encontrando o que buscava, olhou ao derredor, aceitando a hipótese de que o que procurava houvesse caído do seu pescoço.

Teqak sabia o que Mueb queria. Sem se perturbar, enfiou a mão no seu bolso e de lá trouxe o crucifixo cravejado de brilhantes e rubis. Ergueu a preciosa jóia, de tal modo que o Sol a fizesse fulgir e perguntou, calmamente:

– Era isso o que você estava procurando?

Com um pequeno sorriso respondeu ele mesmo:

– Agradeço sua atenção comigo, mas como vê, esta jóia voltou ao dono.

Havia leve ironia, leve sarcasmo, no que disse. Mas, sem nenhuma leveza no olhar, demonstrou a certeza de que ele não mais temia o truculento chefe da caravana.

Novamente a tensão entre os dois fez a temperatura elevar-se vertiginosamente, não bastasse o forte calor que agora o Sol já despejava.

Naquela solidão desértica, em tão periclitante situação de sobrevivência, os dois homens, agora, estavam cônscios de que – pelo menos, naquelas horas, e talvez nos próximos dias – as diferenças entre seus ideais patrióticos e religiosos haviam se eclipsado.

---

revolta, culminando com o fim desse domínio, na segunda metade do século XX. Citada revolta gerou refregas, com rebeliões e focos fundamentalistas espalhados, desde a capital, às margens do Mar Mediterrâneo, até o interior do deserto. Alguns desses revoltosos faziam parte da caravana de Mueb. (Nota do Autor Espiritual.)

Não mais havia diferenças entre um e outro – só a necessidade instintiva de sobreviver.

Mueb, a duras penas, acomodou o orgulho e mesmo já sabendo a resposta perguntou:

– Você é europeu? Espião, talvez?

– Sim, para a primeira pergunta; não, para a segunda.

– Se não é espião, o que fazia fingindo-se de perdido, quando o encontramos? E por que usa nome árabe, além de falar nossa língua tão bem?

– É uma longa história e agora o que é mais urgente é usar isso aqui.

Quando Teqak empunhou uma das facas de Mazhiv, Mueb entrou em atitude de defesa, como que temendo ser agredido.

Teqak, acalmando-lhe, mas alvoroçando-lhe a mente, informou em tom sereno e de inquestionável veracidade:

– Nada tema de mim. Você não sabe, mas para despertá-lo, tive de fazer respiração boca-a-boca. Disse-lhe que não sou assassino. Mesmo que não tivesse prometido a Mazhiv cuidar de você, teria feito isso.

Bem-humorado, complementou:

– Você há de convir que não foi uma das coisas mais agradáveis da minha vida.

Ante a informação e as palavras repletas de sinceridade, a tensão entre ambos se esvaiu, até porque o chefe da caravana tinha como sagrado o dever da gratidão, normal em qualquer lugar ou em qualquer tempo, mas muito mais forte no deserto. E naquelas circunstâncias.

Mueb era um homem deveras rude, mas justo. E fiel. Estando ele próprio bastante ferido, sua atenção estava voltada mais para seus companheiros da caravana. Como as demais crianças de família muçulmana, tinha sido educado dentro dos preceitos religiosos do Alcorão – o Livro Sagrado do Islamismo – aprendendo que Alá (Deus) é permanentemente generoso e nos momentos de dificuldades Sua bondade se manifesta para os fiéis que Lhe são seguidores e cumpridores das obrigações corânicas. Aprendeu ainda que Alá é Clemente e Misericordioso e está sempre pronto para acolher em seu seio aqueles que são praticantes das virtudes ou se convertam; quanto aos malvados, por clemência, dá-lhes o arrependimento como meio de salvação.

Com estes pensamentos, olhou para a amplidão e elegeu uma determinada direção, para a qual se voltou e se ajoelhou, levando a testa à areia, em orações; erguendo-se várias vezes e olhando ora para um lado, ora para outro[9], dizia: "Por Alá, por Alá!".

Seu olhar no horizonte deveu-se ao fato de os muçulmanos sempre orarem voltados para Meca, onde repousam os despojos do Profeta Maomé, o fundador do Islamismo.

Descontraindo-se, embora sem saber muito bem o que se passava na cabeça do *perdido*, obedeceu-o quando ele passou-lhe instruções para ir lavando as feridas dos homens e derramando uma pequena porção do álcool fazendo pensos. Após esse breve atendimento de enfermagem, sem perda de tempo, Teqak passou a utilizar os primitivos "instrumentos cirúrgicos" de Mazhiv. Primitivos, mas providenciais, naquelas

---

9 – Na 2ª surata do Alcorão, eis o versículo 115: *A Deus pertencem o Levante e o Poente. Para onde vos tornardes, lá encontrareis o semblante de Deus. Deus é imenso e sabedor.* (N.E.)

circunstâncias. Ia pensando os ferimentos dos que estavam em estado mais grave, depois de, em alguns casos, realizar suturas, mesmo sem anestesia. Os feridos não reclamavam, suportando estoicamente a dor.

Os que não resistiram morreram nos braços dos dois socorristas.

A custo, conseguiram também suturar alguns ferimentos dos animais machucados.

Por estarem ambos em exaltado patamar emocional, foi apenas por isso que perigosa distonia mental não os alcançou.

Próximo ao meio-dia, o que pudesse ter sido feito para salvar vidas, Teqak fizera, com assessoria de Mueb, que embora sem maiores conhecimentos se mostrara um auxiliar prestimoso.

Quando Mueb olhou novamente para o horizonte, para nova oração, ia ajoelhar-se, mas entrou em desordenada gesticulação, como se espantasse morcegos que, em delírio, julgou ver e que queriam agarrá-lo. Tombou sem sentidos, por exaustão.

Teqak, exausto também, pôde, contudo, socorrê-lo, levando-o para o interior da tenda, que tinha reerguido, embora estivesse em condições precárias.

Ao examinar o ferimento de Mueb, que voltara a sangrar bastante, diagnosticou que ele estava à beira de um colapso hemorrágico. Dentro daquele quadro, fatal.

Atordoado pela gravidade do paciente, sabendo que só um atendimento hospitalar poderia impedir que ele morresse, Teqak, a ponto de perder o controle, por sua vez, lembrou-se de orar.

Sem pronunciar nenhuma palavra, formando na mente um quadro de celestial atendimento a Mueb, passou a ideoplasmar, inconscientemente, com todas as forças espirituais possíveis, Jesus ali, salvando o paciente grave! Pois sua mãe, quando ele era ainda criança não lhe dissera, incontáveis vezes, que Jesus sempre ouve e atende às preces sinceras?

4
Multidão no deserto

Prova irrefutável de que na prece, em qualquer idioma, de qualquer raça, credo, religião ou seita – e até mesmo para os ateus – o importante é a intenção, o jamais negado amparo espiritual se fez presente. Isso porque Deus, o Sublime Criador, Incriado, ao estabelecer as leis que regulam a vida dos Seus filhos, engendrou mecanismos eficientíssimos de resposta às solicitações feitas com fé, mas sob a auréola do amor.

Isso, quando o que se pede é para si próprio.

Agora, quando a petição é para o próximo, então...

Foi assim que, sem registro para vistas humanas, aproximou-se de Teqak e Mueb uma entidade irradiando luz que, no plano espiritual, sobrepujou até mesmo a claridade daquela hora, no plano terreno.

O bondoso protetor espiritual, em gestos calmos e precisos, avaliou a situação e de pronto captou o que se passava e o que fazer.

Esse espírito, com a caridade pousada no seu viver, de pronto assimilou que ao combate entre encarnados seguira-se hediondo assalto: de espíritos desencarnados!

No mesmo instante, invisível também aos olhos de encarnados, uma verdadeira chusma de vultos, de assombroso aspecto, qual se estivessem vestidos de matéria escura, pegajosa, e envoltos por brumas pardacentas, alvoroçou-se e debandou, a medo, com gritos roucos. Foi o que Mueb enxergou como morcegos.

O olhar da luminosa entidade, ao mesmo tempo sereno e pesaroso diante do que via, dirigiu-se para o bando de desencarnados que, quais hienas, ali haviam comparecido para haurir, vampirescamente[10], os fluidos vitais restantes dos moribundos e dos despojos – de início, de animais, mas, na seqüência, também de homens.

Ergueu a destra e disse-lhes:

– Deus os abençoe!

Embora ditas em tom natural, as palavras do guardião insuflaram-se de desconhecido volume sonoro, sendo ouvidas por todos aqueles pobres malfeitores do Além. Todos tentaram

---

10 – Pires, Herculano. *Vampirismo*. Paidéia: São Paulo/SP.
Luiz, André. *Evolução em Dois Mundos*. FEB: Rio de Janeiro/RJ. Capítulo 15, "Vampirismo Espiritual".
_____. *Libertação*. FEB: Rio de Janeiro/RJ. Capítulo 4, "Numa Cidade Estranha". (N.E.)

fugir dali, indo para longe do homem de luz, mas justamente o cenário de horror que lhes era enganosa quanto infeliz fonte de sobrevivência prendeu-os por sintonia plena com aquele tenebroso clima. De forma inexplicável, não puderam se afastar, como se algo os grudasse ao solo. Solo que para eles era também pegajoso.

No sentido figurado, entretanto, verdadeiro milagre aconteceu: todos, sem exceção, desistiram da desabalada fuga, perderam o medo e voltaram-se para a veneranda entidade. Já não mais para prosseguir na nefanda apropriação, mas sim de alma subjugada a uma força maior, invencível, sem, contudo representar-lhes qualquer ameaça.

Esse, um dos prodígios do magnetismo usinado pelo bem!

Tamanha e tanta era a compaixão do protetor espiritual pela ignorância daqueles salteadores desprovidos de corpo físico, que do alto do céu sem nuvens, um potente feixe de luz banhava-o por inteiro, qual se um segundo sol, individual, o brindasse.

E o bom espírito, sempre com o braço estendido, tendo as pontas dos dedos da destra brilhando como diamantes, com ele descreveu um arco de luz, que acabou por iluminar e se materializar, envolvendo todos os fugitivos. Estes, imobilizados por potente e desconhecida força, superior à sua capacidade de resistência, voltaram o olhar para o ponto do qual vinha aquele foco luminoso que, embora sem maltratá-los, quase os cegava.

A cena foi comovedora: ajoelharam-se todos, mãos à frente também, postas no solo juntamente com a testa. Clamaram a uma só voz:

– Por Alá!

Saara: Palco de Redenção

Aos tristes e ignorantes espíritos pareceu-lhes que o Profeta Maomé, em pessoa, ali estava.

Nem há necessidade de sabermos se aquele era mesmo o venerável Profeta que intermediou o aporte do Alcorão ao planeta Terra. Fundamental é o fato de como o amor de Deus tem invariavelmente recursos adequados para, no tempo e espaço necessários, promover o retorno das ovelhas desgarradas ao aprisco – visando sempre o progresso espiritual dos transviados do bem.

O iluminado espírito, trajado à moda árabe, sem a menor afetação, conclamou o bando a uma primeira e imediata reflexão:

– Filhos meus, como vocês se esqueceram daquilo que Alá nos recomendou sobre o sangue? Se nem o sangue dos animais é lícito, mais grave ainda é a apropriação do humano.

A pergunta, em forma de admoestação, recordação e conselho, referia-se à transcendental recomendação alcoranista sobre a proibição da ingestão de sangue[11].

Os interpelados entreolharam-se, constrangidos.

Logo, todos baixaram o olhar, envergonhados.

Sem a menor altivez e de forma compreensiva, o emissário da fraternidade deu tempo a todos para a auto-análise à qual ele os induzira.

Por quase três minutos o silêncio imperou naquela assembléia do Além.

Foi então que o amor pôs a descoberto o quanto é sublime, justamente na paisagem hostil, tanto material quanto

---

11 – Em algumas das 114 suratas (capítulos, divisões) que compõem o Alcorão consta estar vedada ao muçulmano a utilização de carniça (o animal morto) ou de sangue (de animais). (N.E.)

espiritual: o protetor alcandorado começou a caminhar em direção aos estupefatos desqualificados morais. Com passos firmes e extrema bondade no olhar, foi colocando a destra na cabeça de cada um. O energético vibracional que lhes repassou fez com que saíssem do patamar espiritual em que estavam mergulhados há tempos.

Ao receber esse amoroso amparo, de grande poder fluídico, um deslembrado bem-estar visitou todos aqueles infelizes, como o ar puro que alguém consegue aspirar, vindo à tona, depois de um quase naufrágio.

Quais crianças travessas, pilhadas furtando frutas em pomar alheio, todos se sentiram invadidos de vergonha e arrependimento por aquilo que até então vinham fazendo.

Foi pensando nessa imagem que o augusto benfeitor sentou-se bem ao centro do círculo formado pelos seus novos pupilos, recém-admitidos. Cerrando os olhos e erguendo as mãos em súplica, orou em voz pausada:

– Pai Nosso, permita que Seus filhos, aqui presentes, sejam alimentados pelo Seu amor. Afaste deles, Senhor, a sede e a fome, dando-lhes de beber a água viva do espírito e o alimento sagrado das bênçãos da natureza, nossa mãe dadivosa.

A oração, assim tão curta, no entanto, produziu formidável resultado: frutos saborosos – tâmaras, pêssegos e figos – começaram a cair lentamente do céu, estacionando à altura das mãos daquelas pobres criaturas, esfaimadas e torturadas pela sede, até então se alimentando apenas das energias restantes dos despojos de animais e de homens. Nas mãos do protetor surgiu um grande vasilhame com água fresca, que foi dividida por todos e ainda sobrou.

A um generoso gesto do espírito amigo, os famintos sentiram-se autorizados a apanhar e a consumir aqueles frutos. Foram instantes de inesquecível felicidade para eles.

Quando todo o grupo estava saciado, alguns daqueles rudes espíritos, num gesto que a gratidão – talvez a mais deslembrada de todas as virtudes – produziu, foram humildemente se ajoelhar diante do enviado celestial.

– Oh, por Deus! Não façam isso, filhos meus! – exclamou o benfeitor.

Olhando para o anil do céu proclamou, com invencível humildade:

– De lá vieram as bênçãos. Nunca podemos nos esquecer que quando nossos espíritos se movem na trilha lodosa dos desenganos, a prece nos dá asas.

– Alá, Alá – repetiram em coro os atendidos, plenos de sinceridade.

O protetor sorriu feliz e fitou com bondade os agradecidos errantes da espiritualidade, qual professor amigo olha para os alunos que também com os olhos cheios de luz sentem-se felizes por terem aprendido a ler as primeiras palavras, a primeira frase completa.

Um dos atendidos, num sobreesforço resultante da mistura do medo, do respeito, mas sob tempero da jamais ausente coragem do homem do deserto, aproximou-se mais daquele que julgava ser o próprio Profeta Maomé, em pessoa. Inquiriu-lhe, só para confirmar:

– O senhor, o senhor é o Profeta de Alá?

Num gesto encorajador o mensageiro do bem sugeriu a todos que se aproximassem e disse-lhes:

– Alá tem muitos profetas, não é isso que nos ensina o Livro Sagrado?

Fez proposital silêncio e a seguir complementou:
– Não sou um deles, mas venho em nome Daquele que, dentre todos, deu o maior exemplo de amor aos seus irmãos, a todos os seus irmãos, fiéis ou infiéis!
Novo silêncio.
– Amou tanto – concluiu a informação –, que se deixou imolar na cruz para perpetuar, neste mundo, a lição do desprendimento e do perdão.
O espírito que havia feito a pergunta, vendo que alguns dos seus companheiros não haviam compreendido, socorreu-os, murmurando:
– Jesus.
Entenderam todos que o enviado dos Céus referia-se ao Profeta dos Cristãos.
Não foi preciso acrescentar mais palavras.
Um espírito, não segurando a curiosidade, inquiriu, timidamente:
– O senhor poderia nos dizer o seu nome?
– Sou Samir. O menor, dentre os irmãos de vocês.
Naghuz, o líder do grupo, aquele que havia feito a pergunta, falando de cabeça baixa, numa demonstração de grande respeito, perguntou:
– Emissário dos Céus, por Alá, confirme para nós: quem é o maior dos profetas: o dos cristãos ou o dos muçulmanos?
A pergunta, sincera, trazia na sua formulação a necessidade íntima que o ser humano tem de estabelecer comparações e valores. Valores morais, espirituais, no caso.
O paciente instrutor olhou com tanta doçura ao espírito que lhe fizera a pergunta que ele e seus colegas sentiram-se à vontade e ao mesmo tempo tocados de profunda simpatia e nascente amizade por ele. Disse-lhes:

Saara: Palco de Redenção

— Deus, que é o Criador Incriado, a Inteligência inalcançável e o Amor infinito, não estabelece paralelos entre Suas obras, mas une-as, na harmonia universal, para que a Vida — supremo bem — traga felicidade aos Seus filhos.

Fazendo ligeira pausa, logo retomou:

— Quem tem mais beleza, quem é o maior: O Sol ou o Céu de estrelas? A Terra ou a Lua? O dia ou a noite? O deserto ou o mar? As chuvas ou os rios? A água ou o fogo? O raio ou o trovão? A nuvem ou o vento? A montanha ou o vale? A plantação ou a colheita? O peixe ou o pássaro? O homem ou a mulher?

Os sofridos espíritos estavam imóveis, mas neles a mente fervilhava, ante questões tão simples, mas por isso mesmo tão lógicas. E que jamais lhes perpassara pela reflexão.

Logo prosseguiu o novo amigo, sintetizando numa frase a resposta para todas as perguntas que pronunciara:

— Nem um, nem outro: na verdade, todos esses elementos foram criados por Deus, que a nenhum deles deu supremacia, mas sim, colocou-os no mundo para se complementarem.

Percebendo que suas palavras os motivara, disse-lhes mais:

— Neste mundo, todos precisamos de aprendizado, para que a árvore da felicidade nos oferte seus saborosos frutos. E não há melhor forma de aprender do que unindo nossas experiências às daqueles que Deus coloca em nosso caminho.

Como os olhares eram algo interrogativos, esclareceu:

— Por exemplo, qual beduíno saberia, sozinho, domesticar um camelo ou um cavalo, para servir-se da inigualável ajuda que esses animais lhe prestam?

Aduziu, filosofando:

– E não nos esqueçamos de que o camelo e o cavalo estão no mundo há tanto tempo que nem sabemos se teriam chegado primeiro que o homem.

Deu mais um exemplo:

– Como alguém poderia atravessar o deserto, indo sempre a pontos distantes, se antes dele alguém não lhe indicasse a direção, a melhor rota e mais alguns detalhes, inclusive mencionando a que distância poderia encontrar um oásis?

Valendo-se da atenção que lhe dispensavam, questionou-os com fraternidade:

– Que seria dos pecadores sem o perdão?

Todos abaixaram a cabeça.

Numa demonstração de que não estava ali como juiz, menos ainda como carrasco, mas tão-somente como conselheiro e guia, confortou-os:

– Nenhum profeta jamais condenou os povos para os quais pregou as verdades celestiais, mesmo não sendo ouvido pela maioria. Ao contrário, os profetas nunca se cansaram de sugerir o perdão das ofensas. Perdão ilimitado.

Um outro espírito, tomando coragem, lamentou:

– Falo por mim, mas imagino que será o mesmo para todos os meus companheiros: iremos para o Inferno, no julgamento do dia do juízo final. Para nós não haverá perdão, pois grandes são nossos pecados.

Irrompendo em lágrimas, completou:

– Como o senhor vê, transformamo-nos em seres mais hediondos do que os crocodilos ou as hienas, que se alimentam de restos putrefatos.

Tocado de grande compaixão o mentor espiritual, com palavras enérgicas e consoladoras, dirigiu-se a todos:

– Filhos de Deus, irmãos meus, não se entreguem ao derrotismo. O que seria do mundo se os rios não fossem para o mar? Se desde que o mundo é mundo o Sol não evaporasse as águas, levando-as para cima, transformando-as em nuvens? E se os ventos não carregassem essas nuvens, despejando-as por sobre terras distantes, abençoando as colheitas e novamente fazendo os rios se plenificarem?

Fez pausa. Seguiu, após:

– Nós também, nós também, assim como as águas, realizamos o ciclo que incessantemente se repete: nascemos, como as chuvas vindas do céu; vivemos, como os rios que vão da nascente a longos itinerários; morremos, como as águas que chegam no mar; retornamos à vida espiritual, como a evaporação leva para o céu aquilo que veio de lá; renascemos, para nova vida, novo recomeço, novos aprendizados.

O espírito que se lamentara reiterou:

– Enviado de Alá, o que dizer do que aprendemos sobre o dia do juízo final?

Os bons mestres jamais se aborrecem com as perguntas que lhe são dirigidas, venham de onde vierem. Aliás, nada traz mais alegria e sentimento de realização a quem sabe, do que transferir o conhecimento. É tão abençoada a transferência do conhecimento que aquele que o tem e dá, não o perde: solidifica-o!

Outra não tem sido a missão dos profetas e dos sábios de todos os tempos.

O espírito amigo, vivenciando esse clima, dirigiu meigo olhar para aqueles perturbados assaltantes do invisível e fez-lhes uma pergunta:

– O que vocês aprenderam sobre o dia do juízo final?

Entreolhando-se temerosos, como se estivessem à beira de um precipício, com risco de desequilíbrio, recolheram-se todos ao mutismo, como defesa.

O paciente instrutor captou que na mente deles crepitava a chama da culpa, por terem sido surpreendidos em atitude tão degradante. E que as consciências, despertas ante a força da verdade, auto-impugnava-lhes condenação.

Falou-lhes com mansuetude:

– Aprendemos no Livro Sagrado que Deus é Clemente e Misericordioso para com todos os Seus filhos e como disse o respeitável profeta de outras terras, do rebanho do Pai nenhuma ovelha se perderá, pois o bom pastor deixa noventa e nove em segurança e vai salvar a que tenha se desgarrado[12].

A lembrança dos seus próprios erros, queimando como brasas, recebeu, com tão esperançosas palavras, uma verdadeira garoa, que pouco e pouco lhes foi balsamizando. E tão grande era o poder energético daquele mensageiro espiritual que os pobres espíritos, envergonhados e arrependidos, já não mais se alimentaram da nefanda vitalidade remanescente dos cadáveres.

Demonstrando integral isenção de julgamento e plena compreensão do comportamento daqueles tresloucados, e por isso mesmo desajustados irmãos, o protetor respondeu, ele mesmo, à pergunta que fizera sobre o dia do juízo final, e que até agora não lograra resposta:

– Tem sido ensinado a todos nós, pelo Profeta, que tem todo o nosso respeito, que após a nossa morte haverá um tribunal para julgar nossos atos e nossa vida. Essa mesma

---

12 – Referência à parábola da ovelha perdida – Mateus, 18:11-14. (N.E.)

verdade já havia sido ensinada por outros profetas, em outros tempos e para outros povos.

Ante as expressões de concordância dos que o ouviam, prosseguiu em tom amigável:

– Ensinaram muitos deles que tal julgamento será realizado num grande dia, no qual todos os homens colherão o que plantaram, isto é, aos bons se abrirão as portas do Paraíso e os maus serão lançados às eternas chamas do Inferno.

Olhou-os com firmeza e pediu confirmação:

– Não foi esse o ensinamento sobre o dia do juízo final?

Ante a resposta afirmativa de todos, assustou-os quando seguiu:

– Levante a mão quem de vocês tem filhos!

Como a maioria erguesse o braço, Samir conclamou-lhes:

– Fique de pé aquele que tiver a coragem de jogar na fogueira um filho que tenha errado.

Ninguém se ergueu. Então, Samir prosseguiu:

– Levante-se o pai que irá para o Paraíso separando-se do filho que for atirado ao Inferno, aquele que sequer tentará salvá-lo.

Os espíritos estavam atônitos. O protetor incensou-lhes o raciocínio caridoso:

– Fique de pé aquele que puder me responder: para onde irão – para o Céu ou para o Inferno – naquele dia, os bebês que nasceram e morreram antes mesmo de dar um único passo?

Dirigiu-lhes outra pergunta:

– Como serão julgados, no grande dia, os cegos e os que nasceram sem a razão?

Propôs uma questão pungente:

— Se uma mulher criminosa der à luz naquele dia, será bom e justo separar a mãe do filho recém-nascido, indo ela para as penas eternas, ou devem ir os dois para o mesmo lugar – ou o Céu, ou o Inferno?

Continuou com o interrogatório indutivo a reflexões, no patamar de entendimento dos que o ouviam:

— Se o Criador não cessa de criar, como lhe atribuir justiça com relação aos que forem criados e morrerem antes de conhecer o Livro Sagrado entregue por Ele mesmo ao Profeta Maomé? Como lhes atribuir mérito ou culpa? Qual seu destino?

Consolidou o questionário:

— Como julgar os homens nascidos nas distantes nações, muitos deles amando sua família, praticantes da caridade, mas desconhecendo as prescrições do Profeta, constantes do Livro Sagrado, as quais aprendemos de nossos pais desde que nascemos? Será que lá também não existem livros sagrados, falando de Deus, consubstanciando a verdade? E nunca será demais relembrar que a Verdade é como a água pura: pode estar em recipientes diferentes, mas desde que estejam limpos, será sempre a mesma, isto é, água pura!

Ergueu-se o socorrista e caminhou lentamente dentro do círculo em que se encontrava.

Dando tempo para que seus ouvintes pensassem, retornou ao centro e passou a responder, uma a uma, as instigantes questões que levantara:

— Nenhum pai da Terra que ama seu filho o lançará ao fogo se ele errou: então, como pensar que o Pai de todos os pais deixaria qualquer um dos Seus filhos ser jogado num fogo que jamais cessa de arder?!

Saara: Palco de Redenção

Com esse raciocínio inicial, Samir implodiu o Inferno na mente de todo o grupo. E prosseguiu:

– Se naquele dia nascerem bebês, não poderão ser julgados, pois ainda nem fizeram o bem, nem o mal. Nesse caso, ficamos sem saber para onde irão.

Essas reflexões do mestre fizeram o bom senso esboroar a teoria de uma única vida, já que a ser realidade que só temos uma vida, isso nos impediria de atribuir justiça ao próprio Deus, pois como salvar no Paraíso ou condenar no Inferno alguém sem substância comportamental de suas ações para emitir sentença, salvacionista ou condenatória?

Avançou as análises:

– Um cego de nascença, por si só, questiona a bondade do Criador, pois já nasce condenado a um primeiro cruel castigo, o de nunca poder ver o local onde repousa o Profeta. Além disso, que culpa poderá ser-lhe atribuída se cometer atos que contrariem os preceitos da oração, como por exemplo não orar voltado para Meca e voltar seu olhar para o levante e o poente?

Concluiu:

– Todos os homens sabem que o melhor, mais seguro e natural lugar para um bebê ficar é com sua mãe. Ora, se até as leis humanas não separam o bebê da mãe, como imaginar que Deus o faria? E mais: se nossas leis libertam de culpa aqueles que, desprovidos da razão, cometam desatinos, como não atribuir falta de senso a qualquer um, seja quem for, que vá em sentido contrário ao bem? Não está esse tal também desprovido de razão?

Os rudes andarilhos do deserto, vivendo em tormentos nebulosos no plano espiritual, ouviam com interesse crescente as palavras de Samir, que logo prosseguiu:

— O que quero lhes dizer, meus filhos, é que, respeitando com sinceridade o Profeta de Alá, entendemos que ele usou a linguagem que naqueles dias precisava ser ouvida pelos corações daquela geração. Nosso Livro Sagrado não se cansa de ensinar que Deus nunca se recusa a acolher o arrependimento[13].

Os assaltantes do Além, perplexos, queriam perguntar, mas receavam.

Samir incentivou-os:

— Nada temam, nem de mim, nem de ninguém, a não ser a própria consciência. Deus nos deu a palavra para que com ela vivêssemos a vida, ora de aluno, ora de professor. Neste momento, sinto que vocês têm perguntas escondidas.

— É verdade — falou um deles —, não falo pelos outros, mas apenas por mim: aprendi que a morte deixa a pessoa à espera do grande juiz que um dia virá realizar o julgamento final de todas as criaturas, mandando as boas para o Paraíso e as más para as chamas incessantes. Qual será esse dia?

Antes que Samir respondesse, um outro acrescentou:

— Também eu gostaria de saber como é que há tanto tempo a morte me abraçou e eu continuo vivo?

Ainda outro complementou:

— Além do que eles perguntaram, eu também não consigo entender por que tenho fome e por que vim parar neste Inferno, vivendo dias de indignidade, só encontrando alimento nos despojos de alguém que morre, tudo isso antes de ser julgado?

Samir deu alguns passos, olhando um a um aqueles sofridos espíritos. Em voz pausada, sem autoritarismo, mas ao contrário, carregada de compreensão, esclareceu-os:

---

13 – Surata nº 110 do Alcorão. (N.E.)

Saara: Palco de Redenção

– Peço a vocês que raciocinem comigo: o *Paraíso* e o *Inferno* existem sim, mas ninguém entra ou sai deles senão pelas portas do coração, que estão sempre abertas, tanto na entrada quanto na saída. O *grande juiz* não está num tribunal público, mas sim dentro de cada filho de Deus e o seu nome é *consciência*. As *chamas eternas* são aquelas resultantes de maus atos, que ardem mesmo sem parar, até que o arrependimento e o desejo sincero de mudança de atitudes as apaguem. O *dia do juízo* não está no calendário, mas na recompensa ou no arrependimento, respectivamente pelo bem ou pelo mal praticados; assim, temos muitos dias do juízo em nossa trajetória existencial. O importante é que o dia seguinte de cada um desses *dias do juízo* seja sempre a retomada do progresso rumo a um futuro feliz. Nessa viagem, o arrependimento, a resignação e o trabalho de reconstrução serão nossos companheiros de jornada. O *abraço da morte*, a que os homens chamam de morte, como vocês próprios podem testemunhar, não é o fim da vida: ao contrário, é sua continuidade; o nascimento e a morte, são segmentos de uma mesma reta, percorrida pelo espírito, que é imortal; a vida se processa em dois planos, material e espiritual; para vivenciar no primeiro, há necessidade de um corpo físico, dispensável, aqui onde estamos, no plano espiritual; aliás, é isso o que nós podemos comprovar: cada ser, aqui, continua exatamente o que era, não é mesmo? A *fome* e a *sede*, tão exigentes, além de outras necessidades e sensações que vêm conosco para cá, representam as fortes impressões deixadas pelo corpo físico, mas que gradualmente irão desaparecendo, à medida que nós pudermos nos identificar com a nova realidade – essa na qual estamos agora –, fazendo da oração sincera um manancial para nosso sustento.

Dando tempo para que seus pupilos assimilassem o que lhes dissera, Samir logo retomou as palavras, falando-lhes por metáforas adequadas ao grau de entendimento deles:

– Assim como as estrelas nascem todas as noites, movimentam-se pelo Céu e morrem todos os dias, também nós nascemos e morremos muitas vezes, até que um dia seremos um Sol a brilhar sem cessar na imensidão celestial.

– Mas o Sol não morre todos os dias? – perguntou-lhe um beduíno do Além.

– O Sol não morre: se a caravana caminhar sem parar, sempre em direção ao horizonte, verá que a noite jamais chegará.

E prosseguiu:

– Assim como o beduíno sedento que não se precaveu terá de comer o que encontrar e beber a água mesmo estando turva, também a alma que não preparou a pousada para quando deixasse o corpo, terá de se hospedar ao relento e até, por vezes, alimentar-se e dessedentar-se tal como fazem os chacais e as hienas, isto é, das sobras dos abutres. Isso é viver no Inferno!

– Como preparar a pousada no Céu? – inquiriu outro beduíno.

– Fazendo o bem na Terra.

Samir olhou-os compassivo e acrescentou:

– Vim em nome do "Profeta Crucificado"[14], Jesus, para levá-los, aos que queiram, aonde moram almas que

---

14 – Kardec, Allan. *O Livro dos Espíritos*. Questão 625: Jesus, segundo o autor é "o tipo mais perfeito que Deus ofereceu ao homem para lhe servir de guia e modelo". O Profeta Crucificado é Jesus Cristo, condenado pelo Sinédrio, conselho governativo dos judeus, formado por 71 membros, incluindo o seu presidente, o qual contava com milícia própria. (N.E.)

prestam ajuda àqueles que tenham a humildade de reconhecer seus erros e estejam sinceramente desejosas de modificar o comportamento.

Como que energizados coletivamente por alta voltagem, todos se ergueram, de um salto. Seus olhos estavam iluminados pelo brilho da esperança!

Samir, em lágrimas de alegria, abraçou-os um a um.

Todos aqueles sofredores, alguns dos quais há décadas e décadas de vida espiritual tão promíscua quanto infeliz, ante a bondade daquele emissário de Alá, não suportaram a pressão emocional e desabaram a chorar, derramando lágrimas de felicidade.

Como se o Céu quisesse lhes mostrar o acerto da decisão deles, onde caía uma lágrima na areia escaldante, uma pequena flor surgia, logo desaparecendo, qual se evaporasse, mas deixando no ar suave e indelével perfume.

Muitos minutos transcorreram, entre abraços, lágrimas e orações.

Os espíritos queriam saber qual a direção de Meca, para lá dirigirem suas preces, como prescreve o Alcorão, mas Samir convidou-os:

– Deus olha nosso coração quando oramos e vê tudo o que de bom lá está. As coisas de Deus estão em toda parte. Por isso, quando nosso Profeta Maomé indicou Meca, estava fixando um local sagrado, que devemos mesmo respeitar, tanto quanto os cristãos respeitam os locais por onde passaram os pés do Crucificado. A nós, que ora vivemos nesta outra dimensão da vida, melhor será fechar os olhos para as coisas do mundo e abri-los para as do Céu.

Assim dizendo, Samir ergueu os braços e em súplica comovedora orou:

– Pai e Criador, que nos dá a vida em continuidade da vida, que Sua clemência se derrame sobre as almas de todos nós, aqui em devoção. Balsamize, Senhor, as feridas daqueles que sofrem; ilumine as trevas que habitam nas dobras íntimas da vingança de quantos há pouco combateram entre si, e dai-nos, oh!, Deus, a bênção de sermos socorristas junto aos que sofrem mais que nós.

Finalizando a oração, Samir dirigiu-se a alguns caravaneiros que tinham sobrevivido até aquele momento e gemiam. Voltou a atender Teqak, e a seguir, Mueb, aplicando-lhes benéfica transfusão fluídica de energias, que aos poucos lhes foi acalmando as dores. Vendo o que Samir fazia, seus pupilos perguntaram se podiam ser úteis.

– Sim, ponham a mão sobre a parte ferida e imaginem que lá do Céu vem um anjo trazendo remédio que passa por dentro das suas mãos e vai até os ferimentos.

Quando os espíritos começaram a fazer o que Samir lhes instruíra, sentiram intraduzível bem-estar, jamais sentido, pois, sem conseguirem explicar, sequer entender o que se passava, viam luzes entrarem em seus corpos e saírem pelas pontas dos dedos, indo circundar e se fixar nos ferimentos, aliviando instantaneamente o cruel sofrimento que há pouco as expressões espelhavam.

Quais crianças travessas, subitamente liberadas para jogos infantis, os espíritos mais e mais tentavam apanhar os flocos de luz que caíam sobre eles. Assim que o conseguiam, as partículas luminosas penetravam-lhes pelo topo da cabeça e apareciam nas mãos. No mesmo instante intuíram que, pelo pensamento, podiam transferir para os feridos aquela energia que neles transitava.

Havendo muito mais atendentes do que atendidos, os protegidos de Samir se reuniram em grupos de cinco ou seis e juntos operaram a transfusão fluídica.

Percebendo a alegria que de repente tomou conta dos espíritos, até há pouco tempo desajustados, naquelas circunstâncias aproveitados como os possíveis instrumentos para o atendimento espiritual dos que sofriam, Samir exortou-os:

– Reflitam comigo, meus filhos, como é melhor dar, do que roubar; andar na luz, do que se ocultar nas trevas; ser amado, do que odiado.

5

A Lua e a Estrela

Um ronco assustador, ao mesmo tempo inesperado, mas oportuno, fez-se ouvir nos ares. O turbilhão de areia que se descolava do chão, formando densas e revoltas nuvens, anunciou que algo poderoso vinha se aproximando. Máquinas poderosas...

Só quem tenha visto procedimento igual poderá avaliar o minifuracão provocado pelos possantes motores nas escaldantes areias, que esvoaçavam por toda parte.

À medida que o barulho aumentava, o chão começou a tremer levemente, o suficiente para assustar os feridos e até mesmo os espíritos que, sob orientação de Samir os atendiam.

Saara: Palco de Redenção

Samir, rapidamente, reagrupou seus assistidos e com eles afastou-se daquele cenário, o grupo todo permanecendo, no entanto, em distância regular daquela área de dor e tristeza.

Teqak despertou do breve tratamento sonoterápico aplicado por Samir.

Dois espíritos ali se regozijaram com o fato: um desencarnado, Samir; outro encarnado, Teqak. O primeiro, porque diagnosticou que de alguma forma chegava salvação para os sobreviventes; o segundo, porque ao identificar a nacionalidade dos helicópteros, de pronto soube sua procedência e do que se tratava.

À distância de mais ou menos cinqüenta metros o primeiro helicóptero estacionou, dando conta que dali não passaria.

A seguir, mais três helicópteros de guerra pousaram, logo desligando os motores. Alguns instantes após, deles saltaram dezenas de soldados, fortemente armados. Pelos uniformes ficou patente que eram de dois países.

Num círculo não muito afastado do local do pouso, viaturas militares chegaram e se posicionaram em estratégia defensiva. Mais soldados. E observadores, munidos de binóculos.

Quando os motores dos helicópteros foram desligados, os militares aerotransportados desceram, em formação também estratégica, simulando ação.

Teqak, da porta da tenda a que recolhera Mueb, ajoelhou-se, em lágrimas. Unindo a palma das mãos, ergueu os olhos e em estado de gratidão plena murmurou:

– Oh, meu bom Jesus! O Senhor está chegando.

À distância, munidos de binóculo, mais de um observador puderam identificar o doutor Arnaud, em postura de oração, seguida de desmaio.

Mueb, que também despertara parcialmente ao ouvir o forte ronco dos motores, ergueu-se e foi ver o que era aquilo. Quase não acreditou quando viu a areia esvoaçante, pois se lembrou de que Teqak dissera que uma tempestade vinha pelos ares. Achegou-se a Teqak e mal e mal conseguiu ajoelhar-se, para orar também.

Uma das viaturas, transportando militares e pessoas em trajes civis, sendo liberada por precursores, deixou a formação em círculo e afastando-se do comboio, dirigiu-se até a tenda, à porta da qual Teqak e Mueb estavam semidesfalecidos.

Os militares, de ambas as nações, desceram do veículo e cautelosamente rodearam a tenda, prontos para qualquer revide, no caso de eventual ataque. Percebendo o estado dos dois homens caídos, aproximaram-se deles e a seguir adentraram a tenda, onde mais alguns feridos gemiam.

Logo acenaram para os homens, dentre os quais havia médicos, que se puseram a examinar os tombados. Com espanto um deles exclamou:

– Meu Deus! É o doutor Arnaud!

– Graças a Deus o encontramos! – exclamaram alguns militares do país de Teqak.

Um desses militares, usando o aparelho portátil de comunicação, informou ao comboio:

– Nenhum perigo na área. Só feridos. Encontramos o doutor Arnaud Teqak, que está muito ferido e sendo atendido.

Saara: Palco de Redenção

O comandante de um dos grupos militares da missão, num profundo suspiro de alívio, informou a vários militares e civis:
– Doutor Arnaud foi encontrado vivo. Graças a Deus!
– Ótimo, ótimo – comentou um outro militar, de alta patente, acrescentando: – o desaparecimento dele terminou.

Os militares, todos, foram autorizados pelos chefes das duas nações a deixarem as viaturas e receberam ordem de realizar ampla varredura na área circunjacente, identificando, sem dificuldade, pelos restos ainda fumegantes, que ali, durante a noite, houvera sangrento combate entre salteadores, pois existia muitos cadáveres vestidos de azul-escuro, no traje tradicional dos tuaregues, e beduínos, caravaneiros comerciantes. Cavalos e camelos, alguns mortos e outros feridos, esparsos pelas redondezas, corroboravam a hipótese da contenda.

Cadáveres já em decomposição, pela inclemência da temperatura, testemunhavam que o grupo dos agressores caíra numa armadilha, o que era praticamente inédito.

Ficaram intrigados ante o inusitado fato de que o grupo de tuaregues, sempre em número maior em relação ao alvo, no caso, a caravana de Mueb, ali fora praticamente massacrado.

Os observadores, treinados nas coisas e fatos do deserto, não conseguiam explicar como é que tantos malfeitores haviam sido mortos por número bem menor de caravaneiros.

Sem necessidade de aprofundar exames médicos foi diagnosticado que tanto Teqak, quanto Mueb, estavam em estado de choque, desidratados e com grave perda de sangue.

Aliás, esse mesmo era o quadro clínico dos demais sobreviventes. Não muitos.

O comandante militar do país do doutor Arnaud determinou que ele fosse imediatamente levado para a capital, para atendimento hospitalar de emergência.

Quando Teqak estava sendo encaminhado para o helicóptero que o transportaria, abriu os olhos e num relance compreendeu o que se passava. Pediu ao médico que seguia junto aos dois padioleiros que o carregavam:

– René, por favor, leve Mueb também!

O médico, colega de Teqak, não entendendo, respondeu-lhe:

– Arnaud, você precisa ser transportado para o hospital da capital e de lá ir para nosso país, pois aqui não há como realizarmos seu atendimento.

E demonstrando grande preocupação, esclareceu:

– Você precisa com urgência de uma transfusão de sangue.

– Eu sei, eu sei. Estou fraco e com poucas chances de recuperação. Mas, meu amigo Mueb, arriscando morrer, salvou-me a vida. Devo o mesmo a ele...

Dizendo essas palavras Teqak estava cumprindo o que houvera prometido a Mazhiv, instantes antes de ele morrer. Pois ele o salvara e no último alento de vida terrena, fizera-o prometer que sempre cuidaria de Mueb.

Ante a insistência de Teqak, René ligou seu comunicador portátil e consultou seu chefe:

– Coronel Antoine, coronel Antoine: aqui é o doutor René. Solicito ordens para conduzir mais um ferido. Ele salvou a vida do doutor Arnaud.

De imediato, ouviu a resposta:

– Autorizado!

Saara: Palco de Redenção

Feliz em ser atendido, Teqak observou que no crachá de René agora constava: "chefe médico". Essa função e esse cargo eram seus, pelo menos desde que estivera exercendo suas atividades.

A presteza de decisão por parte do coronel, deveu-se ao elevado conceito de companheirismo vivenciado pelos militares do mundo todo. Com efeito, quando num combate, alguém salva a vida do companheiro, com risco da própria vida, automaticamente tal gesto credencia-o ao panteão dos heróis.

Quando ambos os feridos foram alojados no helicóptero, olharam-se expressivamente.

O beduíno, conquanto em estado de choque, sentiu o peito ser invadido por enorme gratidão a Teqak.

Teqak entrou num estado de semi-inconsciência.

Sem nenhum susto, aliás, com extrema naturalidade, viu à sua frente um árabe, muito bem vestido, de porte majestoso, mas de olhar fraternal, de cujos trajes saíam luzes.

Disse-lhe o árabe, não em palavras, mas em pensamento:

– *Deus o abençoe, meu filho!*

– *E ao senhor também. Nós nos conhecemos?* – disse Teqak naturalmente, também em pensamento.

– *Na verdade, sim. Meu nome é Samir. Temos uma grande tarefa a realizar.*

– *Temos?*

– *Sim, nós dois.*

Teqak ia perguntar mais alguma coisa quando viu, por meio de sua vidência, o árabe afastar-se e ir juntar-se a cerca de cinqüenta tuaregues que, um a um, beijaram-lhe a mão.

Agora, sim, levou um tremendo susto: de onde vieram aqueles habitantes do deserto? Surgiram do nada? E por que seus trajes, costumeiramente na cor azul-escuro, agora tinham nuanças de azul brilhante?

Um invencível sono roubou-lhe o pouco que restava de consciência.

Teqak e Mueb receberam os primeiros socorros no helicóptero que os levava ao hospital da capital, para atendimento parcial, de onde seriam transportados em aeronave militar, rumo à Europa para completarem o atendimento de que necessitavam.

No local do ataque à caravana de Mueb foram armadas barracas de campanha para alojar, por alguns dias, os grupos formados pelos militares dos dois países, em negociações para venda e compra de material bélico.

Um pelotão do país local foi destacado para cavar uma vala comum, destinada aos sepultamentos.

Os sobreviventes foram agrupados numa tenda improvisada de enfermaria, dentre as que haviam sido armadas, há pouco. Foram medicados com os recursos possíveis, porém poucos.

Já ao entardecer, quando o Sol iniciaria a conceder a trégua, amenizando a temperatura, todo o destacamento estava alojado. Várias peças de artilharia, metralhadoras e cargas explosivas estavam posicionadas e, centenas de metros adiante, foram instalados alvos – fixos e móveis.

Nos dias seguintes seriam realizadas demonstrações práticas de lançamento maciço de obuses, de vários calibres, além do emprego das armas portáteis e dos explosivos.

Quando a noite chegou, encontrou todos cansados.

Por isso, foram dormir cedo, vencidos pelo cansaço.

*
* *

Saara: Palco de Redenção

A Lua ainda estava distante daquela Estrela quando Samir convidou seus pupilos para se aproximarem do acampamento militar. Ao chegarem perto, viram uma cena que, com exceção de Samir, apavorou os demais: sobre a vala comum, os espíritos de vários salteadores e de alguns caravaneiros, como se estivessem enterrados uns até o pescoço e outros até a cintura, reciprocamente trocavam ofensas, proferiam palavrões e gritavam horríveis ameaças, com promessas de terrível vingança. Esforçavam-se para sair daquele atoleiro de areias movediças e não conseguiam, o que mais os enfurecia.

Os protegidos de Samir, espíritos endurecidos até conhecê-lo, mesmo trazendo pouca elevação moral em sua bagagem espiritual, ficaram horrorizados, quase em estado de choque. Causou-lhes forte impacto psicológico a terrível visão de seres em duplicata – corpos debaixo da areia e uma cópia perfeita de cada um deles saindo de dentro dos despojos, lutando para se livrarem da sepultura e não conseguindo.

Tivessem presenciado aquilo um dia atrás, certamente extrairiam algum proveito do fato de os atolados estarem indefesos – vampirizando-os.

Mas agora, com poucas horas de convivência com o Enviado de Alá, diante dos esclarecimentos que ele lhes deu e das circunstâncias que promoveu, tendo-os transformado em enfermeiros dos encarnados, em cada um deles falou alto a consciência, ensejando um sentimento oposto ao da inominável pilhagem a que tinham se acostumado para sobreviver.

Mas o horror e o choque também falavam alto neles, perturbando-os muito.

De pronto, Samir ajuizou a situação: com impressionante serenidade, que agiu qual poderoso calmante coletivo sobre seus seguidores, disse-lhes:

— Deus já concede a bênção do recomeço da nova vida para esses infelizes, antes mesmo que para eles este dia do juízo comece ou termine. Vai depender deles, o destino que tomarão, a partir de agora, nesta outra dimensão da vida.

Os espíritos entreolharam-se, algo temerosos, e sem entender.

— Pois não foi isso — continuou Samir — que lhes falei, sobre o arrependimento das nossas faltas e a reconstrução das nossas vidas? Esta passagem que nossos infelizes irmãos acabaram de realizar é um divisor importante para uma retomada de consciência e de decisão de qual caminho seguir.

Alertou seus instruendos:

— A nós também, neste momento, está sendo dada oportunidade de crescimento moral, pois nada agrada mais a Deus do que quando alguém leva a paz aonde há guerra!

Assim dizendo, Samir pediu a Naghuz:

— Vá até os briguentos e mostre a eles a Estrela chegando perto da Lua.

— Eu?!

— Por que não?

— E isso para quê? O que direi a eles?

— Deus abençoa os pacificadores. Vá pensando na paz e saberá o que fazer ou o que dizer.

Naghuz era valente. Aparentava força física descomunal, mas na verdade, sua força moral era maior, pois, conquanto fosse um bruto, jamais cometera uma injustiça. Jamais mentira. A fidelidade, nele, era força vivificante do corpo e da alma. Até a véspera, seu semblante era mesmo assustador, com a hirsuta barba negra e o bigode abundante. Os olhos eram da cor negra mais brilhante possível, encimados por sobrancelhas espessas que se uniam qual ave agourenta de asas abertas.

Saara: Palco de Redenção

De fato, em outros tempos, Naghuz teria se aproveitado da impossibilidade de os recém-desencarnados se locomoverem e, sem dó nem piedade, ali mesmo os teria vampirizado.

Tudo isso, por ignorância, visando sobrevivência, conjuntamente com o bando de salteadores do Além que liderava. Agora, a situação era outra. Neles, até então de rústico entendimento, graças a Samir, a mônada divina revigorara a tênue, mas indelével chama que nunca se apaga: a do amor, do amor ao próximo!

Resoluto, Naghuz caminhou em direção aos briguentos. Ia a passos lentos.

Quando o viram, pavor indescritível apossou-se de todos os contendores.

Impressionante que, sendo apenas um, como é que Naghuz podia causar tamanha impressão em tantos?

Em primeiro lugar, porque nenhum deles conseguia se mexer, e não há notícia de medo maior, na Terra, do que aquele de alguém que vê o perigo se aproximando e não poder sair do lugar.

Depois, naquelas circunstâncias, a fantástica figura de Naghuz espantaria mesmo quase todos, fazendo fugir os que pudessem correr.

Em terceiro lugar, os espíritos estavam fragilizados, com dores, em razão do ódio e das idéias de vingança; nesse patamar, desaparecem por inteiro a razão, a calma e a paz.

Naghuz não disse nenhuma palavra.

Estacionou entre os que brigavam, agora emudecidos e literalmente petrificados.

Toda a beligerância deles cessou, ou melhor, congelou, em ambos os sentidos, pois o frio já chegara e, sem agasalho, a noite seria longa.

Foi então que um inesperado e comovente gesto daquele homenzarrão penetrou no coração dos espíritos que brigavam: Naghuz ajoelhou-se, fez três abluções com areia, tocou a testa na areia por três vezes, cada vez dirigindo o olhar para a direita e para a esquerda e por fim, ainda de joelhos, ergueu as mãos e murmurou:

– Alá, Alá! Quando a Lua abraçar a Estrela, permita que o Profeta os liberte e os deixe andar!

Ninguém ali se mexia: nem os imobilizados, nem os companheiros de Naghuz.

Nem o próprio Samir.

Lá no céu os dois astros celestes foram se aproximando. Cada vez mais.

Os espíritos que até então estavam presos ao chão perceberam, ao mesmo tempo atônitos e felizes, que podiam se locomover.

Naghuz aproximou-se de um deles e ofertou-lhe a mão, para ajudá-lo a sair daquela prisão de areia. O espírito, a medo, pegou na mão que lhe era estendida e logo se viu livre!

Os demais companheiros de Samir repetiram o gesto fraternal e socorrista.

Um a um, ressabiados, os prisioneiros foram deixando a sepultura, ajudados por mãos socorristas.

Quando o último se libertou, no mesmo instante Samir se fez visível aos atendidos.

De susto em susto, aqueles pobres espíritos não tinham mais condições de administrar, com raciocínio pleno, tantos e tantos fatos geradores de grandes e súbitas emoções.

Samir, pleno de compaixão e com extrema delicadeza, colocou a destra sobre a fronte de um deles. Com o olhar, induziu seus assistidos a fazerem o mesmo, com os demais.

Saara: Palco de Redenção

Em poucos instantes todos se acalmaram e logo adormeceram.

Encantados com a cessação do tumulto e com o bem-estar que deles se apossara, os socorristas ouviram Samir explanar:

— Adormecer, nestas circunstâncias, foi grande bênção que somente o amor de Deus poderia conceder a eles. Dormirão longos dias e noites, tendo sonhos confusos, a maioria deles, pesadelos. À medida que despertarem não estarão mais aqui, e sim em regiões apropriadas aos seus pensamentos, onde encontrarão outros que já estão lá, e que pensam e agem como eles mesmos.

— Por quanto tempo? — perguntou um dos tuaregues, ora convertido em socorrista.

— Pelo tempo que quiserem. Deus concede a liberdade de escolha a todos nós. Anjos tutelares e profetas, sem conta, todos prepostos do Crucificado, estão permanentemente convocando os que sofrem para se decidirem por novos rumos, em direção ao bem. Ouvi-los e segui-los é opção individual, tanto quanto, as conseqüências também.

Falou-lhes com gravidade:

— Não são poucos os que se fixam tanto no deserto que para aqui retornam depois desse longo sono perturbado. Aí, transformam-se em inimigos da paz, maltratando os indefesos dos dois planos da vida, até que um Beduíno do Bem os ajude a interromper esse verdadeiro mergulho no precipício da maldade.

E, num momento de descontração, brincou:

— Sou um desses. Querem vocês ser também?

Naghuz e os assistentes estavam embevecidos pelas belas lições.

Agora estavam transformados.

Testemunharam o poder da fé e a força do bem, em particular Naghuz, que sempre se gabara da sua decantada força física. Todos tinham consciência de serem incultos e grosseiros. Contudo, experimentar o conforto da paz e a suavidade advinda do amor ao próximo marcara seus espíritos para a eternidade.

O líder, qual cordeirinho, ajoelhou-se diante de Samir e beijou-lhe a destra.

Seus amigos estavam igualmente sensibilizados. Maravilhara-lhes a visão de um minúsculo ponto luminoso que, qual pequenina chama bruxuleante, dançava no tórax de Naghuz e que em pouco tempo visitava-lhes também o peito.

Um a um, todos os tuaregues do Além vieram beijar a mão de Samir.

Foi então que o bondoso instrutor voltou a surpreendê-los com um gesto que jamais sairia da memória deles: também ele beijou-lhes as mãos.

Vendo que lá no céu a Lua já quase acolhera a Estrela, qual as aves que nos ninhos abrigam seus filhotes sob as asas protetoras, mas que os deixam brincar à sua volta, Samir propôs-lhes:

– Muitos são os profetas de Deus, o Clemente, o Misericordioso. É por bênção deles que eu vim até vocês para convidá-los a uma tarefa que demandará muitos dias e muitas noites, talvez dure o tempo de duas ou três gerações.

Os espíritos olharam para o céu e para Samir.

– Nenhum de vocês – prosseguiu o benfeitor –, está obrigado a aceitar este convite, mas posso assegurar-lhes, como se dissesse a meus filhos amados, que não percam tal oportunidade. Quando um beduíno se perde no deserto e por acaso passa por ele um camelo, com água e tâmaras, qual insensato não aproveitaria tal dádiva, bendizendo-a?

Fez demorada pausa, deixando seus protegidos pensarem. Logo arrematou:

– Eu sou esse camelo e não me aproximei de vocês por acaso, mas sim por bênção da caridade de Jesus, o Crucificado, que foi quem ofertou a água que lhes dei, tão pura quanto aquela que talvez os anjos bebam, lá nas nuvens mais altas. Quem beber desta água nunca mais ficará com sede e essa água se tornará nele uma fonte que borbulha para dar vida eterna[15].

Explicou-lhes o acontecimento anterior que os deslumbrara:

– Quanto às tâmaras que vieram do céu, vieram da seara celestial e atenderam a todos nós apenas uma vez, mas a caridade de vocês para com os feridos, dos dois planos da vida, e refiro-me aos encarnados sobreviventes e aos desencarnados, em litígio, representou tamareiras que vão se transformar em pomares cada vez mais fartos, rodeando fonte cristalina.

Os tuaregues assistentes não assimilaram por inteiro o ensinamento.

Como Samir se calou, muitos vieram até Naghuz, que por ser porta-voz natural do grupo, era sempre quem se expressava em nome de todos. Expuseram-lhe suas dúvidas. Já que também o líder não entendera aquela história de água dos anjos, tâmaras da seara celestial e tamareiras abundantes em fonte cristalina, pediram seus amigos:

---
15 – João, 4:14. (N.E.)

— Pergunte para ele!

— Abençoado Samir — disse Naghuz ao espírito protetor —, como é que alguém pode não mais sentir sede e uma tamareira produzir frutos sem cessar, aumentando cada vez mais a produção? Sabemos todos que a sede é diária e as tamareiras produzem frutos a espaçados intervalos. E mais: onde, aqui no deserto, encontrar uma tamareira num oásis de fonte cristalina?

Com um sorriso amável, pacientemente, Samir deslindou o que lhes dissera:

— Refiro-me à alma, imortal: a água que se bebe uma vez e que mata a sede para sempre é a fé inabalável no amor do Pai para com todos os Seus filhos, na Sua bondade, na Sua sabedoria e principalmente na Sua justiça. A falta dessa fé provoca a sede da insegurança, trazendo-nos desconfiança, qual tempestade de areia que fustiga o beduíno e quase o cega.

Dando tempo para seus ouvintes refletirem, logo prosseguiu:

— Já as tâmaras que lhes trouxe, são também para a alma, pois quando eu os socorri, por algum tempo vocês se sentiram alimentados e saciados, tal como há pouco pudemos atender nossos tristes irmãos em contenda. Meu procedimento é como a tâmara que deixa a semente, para replantio. Assim, se vocês aceitarem a tarefa de permanecer por algum tempo aqui no deserto, ajudando outros filhos de Deus que estejam como vocês estavam até ontem e como aqueles outros de pouco tempo atrás, isso será como as tamareiras que vocês estarão plantando. Saibam que cada beduíno ou tuaregue que for socorrido e se converter a ajudar outros necessitados

Saara: Palco de Redenção

será um novo trabalhador na plantação celestial das tamareiras do amor ao próximo.

Respirou fundo e proclamou:

— No tamareiral divino há sempre trabalho para quem sabe amar, e o salário é a paz.

Como os espíritos olhassem-no embevecidos, complementou:

— Como vocês podem perceber, sou um humilde mensageiro, exatamente igual a vocês, que recebeu a missão sagrada de contratá-los para serem lavradores no deserto, para que sejam perenes as colheitas. O deserto, deste lado da vida, na verdade, está na alma de cada um que ainda não despertou para a lavra da caridade nesses milhares de desertos individuais.

Vários tuaregues choravam.

Muitos deles, num sentido impulso que a emoção comandou, ergueram as mãos e oraram, logo sendo seguidos pelos demais.

Como forma de aceitação do convite redentor, novamente vieram beijar a mão de Samir, que desta vez dispensou com brandura o gesto humilde e fraterno, dizendo-lhes:

— Que nosso carinho seja repartido entre aqueles que estão com sede e com fome.

Os espíritos entenderam.

Samir referia-se aos espíritos necessitados que, aos milhares, pervagam pelo imenso deserto da ignorância evangélica, afastados da civilização espiritual, aquela que se expressa pelo viver em harmonia com os semelhantes e em paz consigo mesmo.

6

Os ventos sempre voltam

Ao acordar, Teqak viu Mueb ao seu lado.

Antes mesmo de raciocinar, captou que estavam num hospital, pelo cheiro característico, tão familiar, e também que era em seu país, pela aparelhagem, instrumental e pelos dizeres contendo avisos e instruções, gravados nas alvas paredes.

O ambiente era pequeno.

Ele e Mueb recebiam transfusão sanguínea.

Estavam sós. A portas fechadas.

Como se algo explodisse em seu escaninho mental, bruscamente ergueu o tórax e quase gritou:

– Claire! Onde será que ela está?

Um enfermeiro abriu a porta e adentrou, célere, dizendo:

– Por favor, doutor Arnaud, não faça gestos bruscos, pois a agulha poderá feri-lo. Fique calmo, já vou chamar o doutor René.

– Sim, sim, pelo amor de Deus, traga-o aqui, depressa!

O enfermeiro acomodou a cabeça do paciente no travesseiro e saiu, sob promessa de breve retorno. Teqak percebeu que ao deixar o pequeno apartamento, o enfermeiro trancou a porta.

Quando, instantes após, René entrou, Teqak novamente ergueu-se em sobressalto e questionou, aflito:

– René, onde está Claire? Como ela está?

– Ela está bem.

Teqak sentiu enorme alívio.

Contudo, perspicaz, entreviu o cenho de René.

No mesmo instante intuiu que o colega sabia de algo grave ligado àquela que era sua noiva.

Inquiriu-o, ansioso:

– Onde ela está? Preciso falar com ela, contar que consegui livrar-me dos seqüestradores.

Ouvindo essas palavras, René franziu ainda mais a testa, em semblante severo.

Atormentado, Teqak insistiu:

– Onde ela está? Há alguma coisa que você sabe e não quer ou não pode me contar?

Ante o enervante silêncio de René, Teqak deu um grito selvagem:

– O Inferno! Vivi no Inferno nesses últimos dias e agora você se enche de cuidados para me falar da minha noiva?!

Voltou a gritar, enfurecido:
— Para o Inferno! Você e todo mundo.
Fazendo menção de se levantar, ameaçou:
— Vou sair daqui, agora mesmo e vou procurá-la.

René, para impedir a tentativa do paciente de deixar o leito, tentou acalmá-lo:
— Vou dizer-lhe tudo o que quiser saber sobre Claire, mas antes você precisa recuperar-se. Interromper o tratamento agora é o mesmo que suicídio. Seu estado é grave. Há infecção nos seus ferimentos.
— Para o Inferno, meu estado de saúde! Quero ver Claire.

Mudando repentinamente o estado emocional, quase em lágrimas, balbuciou:
— Ela me abandonou lá no outro país, sem se despedir. Deixou-me apenas um bilhete lacônico, dizendo que não ia dar certo.
— E você acreditou nisso?
— Por que haveria de duvidar?

O semblante de René era declaradamente sarcástico.
— Não leu o bilhete dela, dizendo que entre vocês dois...
— Ao ler o bilhete tive a nítida impressão de que ela estava sendo forçada a escrever aquilo.

Agora René ficou lívido. Teqak percebeu a instantânea reação do colega e disse:
— Você está me escondendo algo sobre ela?

René, retomando o controle emocional, disse com ar superior:
— Ela está grávida.
— O quê?!
— É isso mesmo. Espera um filho.

– Não é possível! Nós nunca...

Aparvalhado, Teqak fulminou René com uma pergunta ardente:

– Grávida de quem?

Ante o silêncio de René, Teqak berrou:

– Com quem, doutor, com quem ela se relacionou para esperar esse filho?!

– Comigo!

Mesmo acamado, Teqak sentiu forte e inesperada tontura.

A informação de René teve o efeito de uma implosão cerebral, qual se alguém dissesse ao detentor de um tesouro que o confiscara e o consumira, pura e simplesmente, acrescentando: – tomei tudo o que lhe pertencia e aproveitei muito bem.

Essa reflexão instantânea, somada ao fato de René estar ocupando seu cargo profissional, desestruturaram por completo o controle de Teqak. Rilhando os dentes, perguntou:

– Como isso aconteceu?

– Isso, o quê?

– Não se faça de bobo comigo. Como você se envolveu com ela?

– Lá, no hotel estrangeiro, quando você desapareceu.

– Desapareci?! Fui seqüestrado!

– Não é isso que pensam as autoridades.

– Não é isso que quero saber. Diga-me como é que ela me trocou por você!

– Caro amigo, pergunte ao coração dela.

O sorriso irônico de René pôs à mostra, para Teqak, o que ia no coração daquele que um dia fora seu amigo, pois desde este instante, não mais o era. Num ímpeto, Teqak saltou sobre ele, mas o equipamento ligado à veia do braço, caindo no chão, acabou por impedir-lhe a agressão. René deu um passo para trás e logo se retirou, assustado ante o olhar fulminante daquele que até poucos dias atrás era seu chefe, mas que agora era seu paciente.

Em instantes, dois enfermeiros robustos entraram apressados e, à força e sob prescrição do doutor René, aplicaram potente sedativo em Teqak.

Mueb, que voltara à relativa estabilidade física e emocional, de olhos fechados, fingindo ainda dormir, ouviu todo o diálogo e presenciou todas as cenas. Sentiu raiva daquele médico, que no seu entender, atraiçoara Teqak, justamente naquilo que um homem tem de mais sagrado, que é o ideal planejado com a mulher amada, de seguirem juntos para o futuro, na bênção da família que irão formar.

Se no peito do beduíno nasceu raiva, surgiu também, no mesmo instante, compaixão.

Compaixão por Teqak!

Os enfermeiros, após sedarem Teqak, aproximaram-se de Mueb e o examinaram. Experiente diante de situações-limite, o paciente fingiu ainda dormir. Um dos enfermeiros disse baixinho:

– Este árabe, quando acordar, vai ser interrogado e talvez fiquemos sabendo o que levou o doutor Arnaud a ser um traidor. Não sei porque se empenhou tanto em salvá-lo.

– É – retrucou o outro, murmurando: – traidores não merecem perdão. Esses dois vão se arrepender de não terem morrido no deserto. Tomara que sejam mandados para o pelotão de fuzilamento.

– Você notou que ambos têm o mesmo tipo sanguíneo?
– Coincidência. Agora vamos embora.

Saara: Palco de Redenção

Já havendo em Mueb gratidão por ter sido salvo por Teqak e agora, somando-se à compaixão, deu-se conta de que o *perdido do deserto* não era mais um estranho em sua vida. Era alguém que Alá pusera em seu caminho e que lhe salvara a vida. Sim, Teqak era para ele, um presente de Alá! E esse presente corria sério risco de vida, assim como ele próprio.

"Vou ajudá-lo no que puder", pensou.

Esteve algum tempo arquitetando uma estratégia para proteger Teqak, até que encontrou, ou pelo menos pensou ter encontrado como fazê-lo: fingiu ter acessos convulsivos.

Foi prontamente atendido pelos enfermeiros, que lhe ministraram comprimidos sedativos, aos quais fingiu também ingerir, logo simulando adormecer.

Quando os enfermeiros se retiraram, Mueb aguardou ansioso que Teqak despertasse.

Duas horas após, Teqak deu mostras de voltar à consciência. Cautelosamente, Mueb aproximou-se dele e em tom quase confidencial narrou-lhe o que ouvira.

Teqak não acreditou e exclamou:

– Eu, um traidor?! Mas, como, se fui vítima de seqüestro? Preciso urgentemente contar tudo o que se passou comigo.

Lembrou-se de René e novamente a razão ia lhe fugindo.

Mueb impediu essa fuga, ao perceber ódio no olhar do amigo e sabendo a quem era endereçado. Tomando-lhe a destra, pacificou:

– Você me salvou e jamais esquecerei disso. Sou seu amigo, para sempre. Por isso, digo-lhe que se quiser salvar sua vida, tem de limpar seu nome. Alguém o sujou, disso não há a menor dúvida. Mas se apelar para a raiva, ela aconselhará vingança e aí tudo se perderá. Aconselhe-se com as estrelas, meu amigo: faça da noite a boa conselheira. Imagine que você vai passar a noite lá naquela estrela que é abraçada pelo menos uma vez por ano pela Lua. Aí, quando o dia amanhecer, você se lembrará do que a estrela de Deus lhe sugeriu.

Teqak, desanuviando a mente e o cérebro das idéias tumultuadas que ali se debatiam, substituiu-as por admiração a Mueb. Lembrando-se que também fora salvo por ele, logo no seu encontro no deserto, brotou-lhe no peito a gratidão, e daí, a amizade sincera.

Segurando na mão do beduíno, agradeceu comovido:

– Sou seu amigo também, Mueb, enquanto for vivo!

– Ora, ora. Diga: para a eternidade, pois depois da morte, há mais vida.

– Está bem: para sempre, amigos eternos!

Mueb exercitou a prudência adquirida nos longos anos de deserto:

– Não sei o que se passou na sua vida, mas conte comigo. Iremos ser interrogados. De minha parte, direi a verdade, isto é, que nós o encontramos sem qualquer equipamento, sem camelo e sem a menor chance de sobrevivência.

Pensando um pouco, Mueb considerou:

– Não acreditarão. Como não havia pensado nisso: como é que alguém pode ir parar lá no deserto, desprovido de tudo? Como você chegou lá? Sozinho? Meu Deus: só agora me dou conta de que realmente algo muito diferente aconteceu com você.

– Pois é, pois é, meu caro amigo beduíno. A história é longa e ao mesmo tempo curta, já que nem eu mesmo conheço todos os detalhes. Mas, para ao menos responder às suas

Saara: Palco de Redenção

perguntas, só posso lhe dizer que, pelo que me lembro, fui seqüestrado, lá na capital do seu país, quando fazia parte da Comissão de Vendas de equipamento bélico fabricado aqui. Estive por alguns dias aprisionado num lugar desconhecido. Quase enlouqueci. Não fora minha formação em medicina, certamente teria morrido, por demência ou suicídio.

Suspirando fundo, logo retomou:

– Um belo dia, ou melhor, numa bela noite, vedaram meus olhos, fui arrancado da prisão e levado numa camionete para longe. Quando desci do veículo, tiraram-me a venda e percebi que estava numa parte qualquer do deserto, onde alguns cavaleiros aguardavam. Aí, forçaram-me a ingerir um comprimido. Antes de perder totalmente a consciência, recordo-me que fui levado, a cavalo, mais para dentro do deserto, pois o veículo foi em sentido contrário. Quando acordei, seu camelo quase me pisava a cabeça.

Após uma breve pausa, como que tendo pescado algo na memória, Teqak exclamou:

– Agora me lembro: pelo menos dois salteadores que nos atacaram e que eu tentei salvar, mas que morreram, estavam com os que me levaram, a cavalo, para onde sua caravana iria passar!

– Isso explica muita coisa – disse Mueb com ar de preocupação –, por exemplo, que pessoas do meu e do seu país aliaram-se, pois como é que os seus seqüestradores iriam saber onde seria feito o exercício prático de demonstração de armas e munições? Por Alá! Estamos os dois em sério perigo! Alguém está por trás de tudo isso e certamente não vai vacilar em dar cabo de qualquer um que ponha em risco seus interesses.

– Concordo com você! Começo a perceber que há, sim, interesses envolvidos em tudo isso que aconteceu comigo: dinheiro, muito dinheiro!

– Não apresse seu diagnóstico, meu caro doutor: da parte do seu país, isso até pode ser verdade absoluta, mas do meu, não. O colonialismo europeu deixou muitas feridas nas tradições do meu país e muito tempo será necessário para que cicatrizem. Muitos foram os mártires, meus conterrâneos que, em nome da liberdade, tombaram em combate, ora direto, ora de guerrilha, contra os invasores, antes de conseguirmos a liberdade.

– Você está querendo me dizer que os eventuais patrícios seus que estão envolvidos com tudo isso, talvez ainda estejam sendo movidos pelo sagrado combustível do desejo de liberdade? E que a negociação de material bélico esteja ameaçando esse ideal?

– Exatamente! Aliás, bem a propósito, diga-me como é que você, sendo médico, foi lá no meu país integrando uma comissão comercial de armas?

– Boa pergunta. Fui convidado para prestar eventual apoio a algum membro da comitiva que porventura precisasse de ajuda médica, pois sabemos que não são todas as pessoas que conseguem passar algum tempo no deserto.

– Mas, por que você?

– Porque eu já conhecia seu país, que visitei para ver a terra na qual minha mãe, que era européia, esteve em visita e encontrou-se com meu pai, que era árabe. Lá ficou grávida. Sabia falar o árabe e ensinou-me.

– Por Alá!

– Por Deus, mesmo: pouco antes do meu nascimento, minha mãe foi mandada pelo meu pai para a Europa. A

Saara: Palco de Redenção

convulsão social decorrente da libertação o transformou num proscrito. Assim, tenho sangue árabe da parte do meu pai e nasci aqui, onde fui registrado, cresci e estudei, recebendo educação ocidental e cristã, mas interessando-me muito pelas coisas de vocês.

– Sua mãe não lhe disse quem era seu pai?

– Contou-me que ele cedo enviuvou, quando nasceu o primeiro filho. Tendo conhecido mamãe, não estavam ainda casados, quando ela engravidou. Nessa época, mamãe visitava o país de papai e ele deu um jeito de ela retornar à Europa. Tencionava ir buscar-nos, quando eu nascesse e legalizar sua união familiar. Não podia ir com mamãe, pois não poderia abandonar, de uma hora para outra, um grande grupo nacionalista de pessoas que liderava, de combate fundamentalista aos invasores europeus, que impunham costumes contrários às tradições. Era-lhes guia e chefe.

– E daí, o que aconteceu?

– Quando eu era ainda muito pequeno fomos visitá-lo. Depois, nunca mais tivemos notícias dele. Quando me tornei adolescente, mamãe explicou-me tudo isso, dizendo que papai não poderia vir buscá-la, pois embora o país dele conquistasse a liberdade, ele passara a viver na clandestinidade, após ser declarado adversário político do regime, tendo os bens confiscados e os parentes ameaçados. Protegeu-nos, sumindo.

– Sua mãe não tentou ir encontrá-lo?

– Quando reuniu condições seguras, ajudada por amigos secretos, mamãe morreu.

– Por Alá!

Mueb fez uma última reflexão:

– Alguém próximo a você, conhecendo-o bem, preparou-lhe essa cilada.

Não houve tempo para mais nenhuma palavra, pois ouviram a porta ser destravada.

Pelo ruído da chave confirmaram que até então estavam trancafiados.

Dois enfermeiros entraram, seguidos de René e um homem em trajes civis. Este, pelo modo como era tratado pelos três, devia ser alta autoridade. Ordenou aos enfermeiros:

– Verifiquem se estão em condições!

Teqak, quase gritando, adiantou-se:

– Em condições de quê?!

– Ora, ora, capitão – disse o civil, em tom irônico, dirigindo-se a René: – nosso paciente está muito melhor do que esperávamos.

Só agora Teqak viu, pelo uniforme, que René fora promovido. Como ele, era capitão.

– Sim, sim, excelência – anuiu René.

– Preparem-no para o interrogatório. Em uma hora!

– Sim, sim, excelência – responderam em coro, René e os auxiliares.

– Quanto ao beduíno, só quero ouvi-lo se o doutor Arnaud vacilar nas respostas.

O civil e o médico saíram.

Teqak não conseguia acreditar que aquilo estava acontecendo com ele: ser tratado como prisioneiro, e pior: traidor! A raiva dominava-lhe os pensamentos. Não conseguia atinar como é que as coisas haviam chegado àquele ponto.

– A estrela, Teqak, a estrela! – advertiu-o Mueb, captando o quanto o amigo estava alterado.

– Cale a boca! – vociferou um dos enfermeiros, dirigindo-se a Mueb.

As palavras do amigo, contudo, tiveram o efeito salutar de interromper a fieira de agitados pensamentos que a revolta e o ódio geravam na mente de Teqak. Inclusive, fizeram com que ele se lembrasse das aulas universitárias de filosofia. Com isso, autodiagnosticou que no estado mental em que se encontrava não poderia mesmo deixar fluírem idéias claras. Veio-lhe à lembrança o que dissera certa vez Albert-Claude, o professor de filosofia, tido à conta de espiritualista, tratando das crises que de quando em quando visitavam as pessoas:

"A vida foi criada por Deus, como um regato de águas puras, a correr, cristalinas, formando incontáveis remansos ao longo do curso, dando vida a nós, os peregrinos da existência; tais remansos são as paradas para reflexão que nos ensinam como bem viver. No curso das águas, surgem alguns acontecimentos, naturais ou provocados.

Os naturais: são as chuvas, que por vezes causam desbarrancamentos e enxurradas, enlameando as águas, que logo sedimentam as impurezas e voltam a ser claras.

Os provocados: há ocasiões em que somos vítimas de inexplicáveis sofrimentos; aí, sem a fé na Justiça Divina, geramos pensamentos negativos, incensados de revolta. O que acontece então? A paz nos deixa e nosso sangue fica envenenado, como se alguém atirasse um balde de lama e lixo nas águas do remanso e ficasse agitando-as, impedindo a sedimentação."

Como um raio, recordou o que perguntara ao professor:

"Nesse segundo caso, o senhor está se referindo aos hormônios produzidos fora da normalidade orgânica?"

E obtivera como resposta:

"Em ambos os casos; se no primeiro caso, das crises naturais, nós conseguirmos administrá-las com confiança em Deus, breve harmonizamos nosso viver; já no segundo, em que somos atingidos pela maldade humana, o medo, o medo, meu caro Teqak, é o pai desses sentimentos ruins da alma."

"O medo?!"

"Sim, o medo! Em muitas manifestações, todas desastrosas para nossa harmonia mental e física: medo de ser tido como diferente; medo de não ser compreendido; medo de ser roubado; medo de não conseguir agradar; medo de não ser o melhor."

Fazendo pausa o professor logo explicitou:

"O medo da diferença social acontece porque a sociedade exige que todos sejam iguais, mas cada ser traz em si mesmo um universo de sentimentos, logo, um universo de emoções e reações.

Temos medo de incompreensões: trazemos na alma esse universo, nem sempre seremos compreendidos em nossas reações, algumas nos trazem intolerância e agressão, geratrizes competentes para nos causar desordem cerebral, por desencadear ordens e contra-ordens ao sistema endócrino; aí, obedientes ao cérebro, que é seu senhor absoluto, as glândulas, quais miniusinas, põem-se a gerar energias inúteis, gastando combustível de fontes alternativas (órgãos vegetativos); como conseqüência, as doenças se instalam e adoecemos.

Temos medo de roubo: as posses materiais são indispensáveis, mas algumas ficam pouco tempo sob nosso domínio, indo para outros donos.

Sofremos pelo medo de não agradar: na ânsia de conquistar popularidade, o homem se esquece de que a pessoa mais importante a ser agradada é ele próprio e não os demais – e aqui não se desconsidere a amabilidade e cortesia para com os outros.

Quanto ao medo de não ser o melhor: a competição faz deste mundo um palco de bilhões de guerras diárias, individuais e coletivas; não sejamos guerreiros, sejamos pacificadores, começando por pacificar o enganoso desejo de ocupar o lugar mais alto no pódio da glória terrena."

Todas essas lembranças visitaram a mente de Teqak numa fração de segundo, gerando também instantâneas reflexões e disposição de não se deixar abater.

A maneira indelicada como os enfermeiros se portavam, beirando mesmo ao desrespeito, punha a descoberto uma cruel realidade: ele, um oficial-médico antes tão considerado, agora já não mais o era. O bom médico de sangue árabe que a todos atendia na Base Militar Aerotática, recebia agora tratamento incompatível com sua patente.

– Vamos, vamos logo! – ordenou-lhe um dos enfermeiros, em tom raivoso.

Teqak olhou-o com firmeza e advertiu-o:

– Leclerc, desde quando um auxiliar dá ordens para o chefe?

– O senhor não é meu chefe nem mais chefia o departamento médico: nosso chefe agora é o doutor René.

Essa outra informação foi como um novo balde de detritos lançado nas águas do regato. De imediato Teqak refletiu:

"Querem me desestabilizar. Se o departamento médico está sob o comando de René, meu subordinado até então, mas a quem eu considerava amigo, qual a minha posição?"

Esforçou-se por equilibrar a mente e perguntou ao outro enfermeiro:

– Desde quando? Desde quando, Gustave?

– Desde que... – o enfermeiro engasgou.

– Desde quando?! – insistiu Teqak, forçando: – pode me dizer a verdade!

– Desde que o senhor se bandeou para o seu povo.

– O quê?!

– Isso mesmo – tomou coragem Gustave, esclarecendo: – ninguém o perdoou por ter desertado, levando aqueles documentos.

Teqak ia perguntar, mas o doutor René entrou nesse momento e disse, ríspido:

– Por que a demora? Levem-no para o interrogatório.

Quando Leclerc colocou-lhe as algemas, Teqak teve sobressaltos:

– Como? Algemas em mim? Por quê? O que fiz? Por Deus, o que está acontecendo?

René e os enfermeiros sequer se dignaram em responder, ao menos, a uma pergunta.

Foi Mueb que o fez, sussurrando:

– A estrela... a estrela...

Esmagado por insuportável tensão emocional, o médico de sangue árabe, como refúgio final, lembrando-se de que lá no deserto sua prece fora ouvida, no epicentro do terrível acontecimento que ceifou tantas vidas ao seu redor, orou com fé igual ou maior:

Saara: Palco de Redenção

"Jesus, amparo sublime dos desvalidos: socorrei-me!"

Momentos antes da prece de Teqak, longe dali, nas escaldantes areias saarianas, Samir, com os cuidados de um bom pastor e a tolerância construtiva de um mestre, conversava com Naghuz e seus companheiros. O tema da conversa era uma contabilidade diferente: os lucros do bem e os prejuízos do mal. Dizia-lhes:

– O bem e o mal são dois companheiros inseparáveis de todos os inquilinos da Terra.

Logo de início deixando espantados os ouvintes foi acrescentando:

– Andam eles de par em par com o homem e são muito disciplinados: nem um, nem outro, impõem nada. Só atendem quando são expressamente convocados. Quando o mal é chamado, o bem, que é muito mais bem educado, faz um número determinado de advertências e, se não é atendido, fica de lado, aguardando, paciente, até que chegue sua vez, sua convocação. Já o mal, quando o bem é o preferido, comporta-se sem educação, forçando sem parar a primazia de ser o escolhido para ditar o procedimento.

– Samir – inquiriu um dos espíritos –, o senhor está afirmando que o bem e o mal têm a mesma força, o mesmo poder?

– Não estou afirmando isso, mas digo agora que o mal, de início, sempre parece prevalecer, mas isso não passa de miragem. O mal pode habitar a alma de alguém por muito tempo, mas jamais, o tempo todo! Cedo ou tarde, o prejuízo aparece, em forma de desassossego, de solidão, de angústia, de doença e de dor.

Samir respirou fundo e complementou:

— O bem, ah! O bem! É semente imortal, que aguarda o tempo certo para germinar, crescer, virar árvore frondosa e frutífera, enfeitada de flores perfumadas, ofertando lucros incessantes: a sombra da paz, os frutos da felicidade, a alegria da caridade. Quando essa árvore está nesse ponto, Alá traz para perto dela uma fonte de águas cristalinas, pois ambas socorrerão os beduínos alcançados pela inclemência resultante dos prejuízos das más ações.

Naghuz, arguto, com muito respeito, brincou:

— O senhor vive falando de água aqui no deserto.

— Falo-lhes, meu filhos, não do deserto de areia, mas do deserto no qual vive o coração dos afastados de Deus; não da água e do alimento para o corpo, mas sim para a vida eterna, a vida do espírito. Muitas vezes o espírito sopra, como o vento que vai, mas sempre volta, em toda parte. Cada sopro do espírito, filhos queridos, constitui uma nova vida que o leva para novas paragens, para novas terras, para novas famílias, para novas lições. Ou para novos desertos.

Os espíritos entreolharam-se, não conseguindo assimilar por completo o que Samir acabara de lhes dizer. Jamais, nenhum deles, ouvira conceitos semelhantes.

Samir sabia, de antemão, que isso aconteceria. Por isso, explicou:

— Pela graça e "em nome de Deus, o Clemente e Misericordioso"[16], todos vocês terão agora uma inesquecível bênção: sem ninguém dizer nada, cada um vai orar ao Pai e

---

16 – Essa expressão está registrada no início de todas as suratas do Alcorão e nesta obra é repetida várias vezes pelo protetor espiritual para que os ouvintes (muçulmanos) ficassem mentalmente predispostos às explicações seguintes. Na verdade, seus dizeres são de muita sublimidade, seja qual for a religião seguida. (N.A.E.)

Saara: Palco de Redenção

aguardar a graça de receber a explicação do que acabei de dizer, como prova definitiva de como somos viajantes do Céu e da Terra, indo muitas – incontáveis vezes –, de um para outro lado, até que os tempos distantes do futuro definam outra continuidade de progresso para nossos espíritos.

Os espíritos, empolgados com a sugestão de Samir para que orassem, prostraram-se genuflexos e com elevado respeito, cada um, a seu modo, iniciou uma oração.

No mesmo instante algo extraordinário aconteceu: na mente de cada um daqueles espíritos, que, nunca, sequer imaginaram tal fato, iniciou-se um desfile de paisagens, de épocas, de pessoas e de fatos correlatos, unindo todas aquelas cenas vivas. Surpresos, começaram a se ver no meio daquelas cenas e pessoas! Quando as imagens interligaram a última existência terrena com o momento presente, certeza inabalável os invadiu, alicerçando para sempre a convicção de que cada ser tem muitas vidas.

Foi nesse instante que do outro lado do Mar Mediterrâneo Teqak orava.

A prece de Teqak, indo ao plano espiritual, por deferimento do jamais negado amor do Pai, foi encaminhada por espíritos amigos até Samir, na forma de convocação urgente: "Samir: vá para junto do Teqak".

Em razão da sua missão, Samir captou o pedido em ligação direta da mente de Teqak à sua mente.

Longe do deserto, na capital da nação européia, Teqak concluíra sua breve oração a Jesus. Sem que olhos humanos vissem, um espírito irradiando luz achegou-se junto dele e com a destra junto à sua fronte, transfundiu-lhe fluidos energéticos. Era Samir.

Com efeito, Samir, após recomendar a Naghuz que mantivesse unidos seus pupilos, trocando impressões positivas sobre o que tinham descoberto, viera do deserto longínquo até onde estava Teqak. Deslocou-se por volitação[17] e de pronto assimilou o que estava acontecendo: Teqak, que fora ferido na refrega da caravana de Mazhiv e Mueb com os tuaregues, pedira socorro a Jesus. E ele, Samir, era o portador do atendimento possível.

Quando Teqak adentrou a minúscula sala, identificou-a como local destinado a interrogatórios de infratores militares e confirmou suas suspeitas: era mesmo considerado desertor. Talvez, pior: traidor.

Duas escoltas acompanhavam Teqak: os enfermeiros de um lado e Samir do outro.

Contudo, qual não foi sua surpresa ao sentir, de forma inexplicável, uma grande energia invadir a alma, transmitindo coragem inaudita para o que estava por vir.

Os enfermeiros ficaram do lado de fora. Samir adentrou com ele.

A sós com Teqak, a autoridade civil, com os olhos vidrados e fixos nele, sem piscar, mantinha-se imóvel, de costas, de pé, de queixo erguido.

"Típica postura de quem se julga muito superior" – raciocinou Teqak, voltando a lembrar-se de outra aula, agora de psicologia, quando o saudoso professor Albert-Claude dera a inesquecível lição sobre a linguagem corporal, segundo a qual há muito mais palavras e frases em gestos e em pequenos movimentos dos olhos, lábios, mãos e pés, do que num

---

17 – Volitar: locomover-se no ar pelo ato da vontade. (N.E.)

discurso. E o professor ensinara os alunos a identificar e a traduzir alguns desses gestos, evidenciando o complexo de superioridade de uma delas, quando duas pessoas estão próximas, sejam conhecidas ou não, em diálogo verbal ou em diálogo mudo:

Ficar de pé diante de alguém sentado: estou em plano elevado, em relação a você; queixo invariavelmente erguido, de forma a empinar o nariz: não aceito contradições; olhar fixo, sem piscar, sobre o interlocutor: tenha medo de mim, sou mais forte que você; olhar fixo, sem piscar, sobre um ponto abstrato: sua presença me é desagradável; punhos cerrados: você me dá raiva – precisa de uma boa lição; ficar de costas: para mim você nem existe; andar de um lado para outro: cuidado! estou para decidir seu destino!; braços cruzados: sou inexpugnável; sorriso debochado: você pensa que sou bobo, mas sei que está mentindo; ficar de olhos fechados: estou vendo sua alma e seus segredos; sorriso sarcástico: aguarde o que está reservado para você.

Energizado espiritualmente por Samir, Teqak encontrou em si mesmo forças para encarar face a face aquela delicada e perigosa situação.

Antes que qualquer pergunta fosse formulada, lembrou-se de que naquela mesma aula perguntara ao professor:

"Senhor, como poderemos superar essas agressões não-declaradas de alguém?"

"Em primeiro lugar, não se deixando contaminar por essas atitudes. Digo isso porque no dia-a-dia, ante ofensas declaradas ou encobertas, temos sempre a tendência de nos alterar, nivelando ou superando, os patamares psicológicos nos quais o agressor ou pseudo-agressor está. Esse o grande erro: nivelar clima astral infeliz é dar um mergulho na lama. O correto será socorrer-se da auto-afirmação consciente, alicerce seguro para enfrentar a tempestade que está para chegar, segundo os ventos uivantes prenunciam."

"Auto-afirmação, senhor?"

"Sim. Aquele sentimento que resulta do diálogo íntimo que a inteligência do indivíduo proporciona entre a razão e o coração, na auto-análise de *quem* somos, *como* vivemos, *quais* as nossas fraquezas, *quanto* ainda precisamos evoluir. Mas jamais olvidar que somos obra de Deus e por isso criados em perfeita essência original, além do que temos a bênção do Seu eterno amor."

Teqak jamais esqueceria o arremate do professor:

"O tempo mostrará para vocês, como já me mostrou, que é melhor, muito melhor ser o que está sentado do que o que está de pé, pois aquele, caso se socorra da humildade, estará seguro; já este, com certeza, cedo ou tarde, passará pelo que passam os que imaginam que podem pôr os pés na cabeça do leão."

Com tais pensamentos, relembrados numa fração atemporal, Teqak aguardou.

Samir, apenas com a presença, fizera com que o clima espiritual se purificasse, eliminando instantaneamente a poluição de miasmas astrais[18] que até então impregnavam aquele ambiente.

---

18 – Kardec, Allan. *A Gênese*. O capítulo 14, item 16 refere-se às emanações fluídicas enfermiças: "Os maus pensamentos corrompem os fluidos espirituais, como os miasmas deletérios corrompem o ar respirável". No mesmo capítulo, item 18: "Os meios onde superabundam os maus espíritos são, pois, impregnados

Saara: Palco de Redenção

Nesse momento, Samir aproximou-se do homem que interrogaria Teqak e pôde identificar, unidos a ele, em maléfica e terrível simbiose espiritual, três espíritos de expressão feroz que o assessoravam.

Quando o protetor chegou bem perto, os três, por mais que tentassem manter-se agarrados ao inquisidor, foram a pouco e pouco sendo desligados dele, qual se alguém estivesse lhe arrancando vestimentas, grudadas à pele.

Esses três infelizes auxiliares invisíveis do homem foram compulsoriamente afastados dele, contudo, mantiveram-se à distância, aguardando a chance de retornar ao danoso envolvimento. Revoltados, vociferavam ameaças a Samir que, compassivo, apenas os olhava, penalizado.

A autoridade civil, sem que pudesse explicá-lo, sentiu súbito mal-estar.

Ligeira tontura alcançou o poderoso interrogador.

É que aquele homem respirava uma atmosfera astral densa, que repentinamente se transformara, causando-lhe perda de sustentação mental, no nível em que vivia.

Esforçando-se para não aparentar tal fraqueza, disparou:

– Então, doutor Arnaud Teqak, conte-me o que o levou a favorecer seus patrícios?

– Nasci nesta nação e pertenço ao seu exército. Nestas condições, posso saber seu nome e qual sua função, ao interrogar um oficial da minha patente?

---

de maus fluidos que o encarnado absorve pelos poros perispiríticos, como absorve pelos poros do corpo os miasmas pestilenciais". A seguir, no item 19: "Desse modo também se explica a ansiedade, o indefinível mal-estar que se experimenta numa reunião antipática, onde malévolos pensamentos provocam correntes de fluido nauseabundo". (N.E.)

— O senhor é daqui, nos documentos. Mas seu sangue e sua alma não.

— Por favor, seu nome e...

— Não se atreva a inverter os papéis. Aqui, só eu pergunto. E você, apenas responda.

Rapidamente o "senhor" foi substituído por "você", e o tom melífluo, maneiroso, por voz em alto tom, imperativo.

— Vou perguntar de novo – acrescentou o interrogador: – por que desertou?

— Não desertei. Fui seqüestrado no hotel em que estava hospedado com minha noiva, no país em que fui, compondo comissão militar. Mantiveram-me encarcerado e em local ignorado, lá mesmo. Não sei precisar quanto tempo, mas alguns dias após, numa noite da semana passada, fui levado e deixado no meio do deserto. Junto comigo, não sei para quê, puseram um detonador de explosivos, fabricado aqui em nosso país.

— Quem o seqüestrou?

— Fui dopado, por isso não sei quem fez isso.

— Como sabe que seu cárcere era no deserto?

— O clima, os alimentos, meus seqüestradores: tudo indicava proximidade com o deserto.

— Na terra do seu pai?

A pergunta, em si, escondia crueldade, pois trazia à baila o fato de Teqak ter sido registrado como filho de pai desconhecido.

Teve ímpetos de saltar sobre o inquisidor, qual presa que se vê acuada e prestes a ser trucidada pelo predador. Samir, no mesmo instante, segurou-lhe a cabeça e aplicou-lhe transfusão de fluidos calmantes.

Em reação benéfica, voltou a lembrar-se das aulas.

Saara: Palco de Redenção

Respondeu, falando firme:

— O governo do meu país concedeu-me patente militar e em nenhum momento da minha carreira militar, pelo menos até aqui, alguém questionou essa particularidade sobre mim, ainda mais de forma irônica.

O inquisidor não esperava tal resposta. Algo desconcertado, intensificou o tom, a agressividade e a ironia:

— Os militares do meu país costumam ser fiéis.

— Tanto quanto as autoridades civis se portam com honra, respeitando-os.

— Você não está em condições de falar em honra. Se insistir em dar-me respostas evasivas, vou devolvê-lo à cela, de onde só sairá quando resolver cooperar.

A ameaça, agora, fora sem rodeios.

Sob influência de Samir o inquisidor sentiu a tontura aumentar e por isso suspendeu o interrogatório. Apertou um botão sobre a mesa e logo os dois enfermeiros atenderam:

— Sim, excelência.

— Levem-no. Mais tarde, continuaremos. Chamem o doutor René.

Quando Teqak foi reconduzido à dependência na qual estivera com Mueb, Samir retornou ao deserto. Ao vê-lo retornar, os espíritos se perguntavam, intimamente, aonde teria ido? Respondeu-lhes, por intuição:

"Algumas vezes deverei me afastar. Preciso ir longe daqui, atender amigos. Sempre que isso acontecer, conto com as preces de vocês, na retaguarda."

Lá na sala do interrogatório, René chegou:

— Sim, excelência – disse, perguntando: – o que deseja?

– Não estou me sentindo bem. Sinto tontura.

René examinou o inquisidor e diagnosticou:

– Doutor Rimbaud, o senhor está apenas estressado. Repouse algumas horas e logo estará bem.

Prescreveu-lhe algumas gotas sedativas, de fraco teor.

7

Pineal[19]: glândula sublime!

Mueb, aflito, aguardava a volta de Teqak. Quando os enfermeiros o trouxeram, sentiu alívio, pois temia jamais vê-lo novamente. Aguardou a saída da escolta e perguntou ao amigo:

— Então? Como foi?

---

19 – Xavier, Francisco Cândido. *Missionários da Luz*. Espírito André Luiz. FEB: Rio de Janeiro/RJ. Nesta obra o instrutor espiritual Alexandre esclarece: "No exercício mediúnico de qualquer modalidade, a epífise desempenha o papel mais importante. Através de suas forças equilibradas, a mente humana intensifica o poder de emissão e recepção de raios peculiares à nossa esfera. É nela, na epífise, que reside o sentido novo dos homens; entretanto, na grande maioria deles, a potência divina dorme embrionária". (N.E.)

– Nada de anormal. O inquisidor suspendeu o interrogatório, sem que eu nada descobrisse. Imagino que ele também não conseguiu descobrir o que gostaria, até porque eu não sei mesmo explicar meu seqüestro. Só sei que aqui me consideram desertor.

Teqak refletiu alguns instantes e olhando Mueb com visível perturbação inquiriu:

– Há uma coisa que não entendo e imagino que só você poderá me esclarecer.

– O que eu souber, respondo.

– Mas você tem que me dizer a verdade.

– Sempre digo a verdade.

– Mesmo se for referente a Mazhiv?

– Mazhiv? Por Alá! Foi meu maior amigo. Para mim, nada existe na Terra contra ele!

– Muito bem. Então posso perguntar sem receio. Antes, quero lhe dizer que Mazhiv mora no meu coração. Ele morreu para me salvar.

Pesadas lágrimas toldaram os olhos de Teqak. Fragilizado fisicamente, sua alma, contudo, fortalecera-se sob a proteção que Samir há pouco lhe dispensara.

Mueb, num efeito de assimilação, emparelhando a alma no mesmo diapasão que dava o tom na de Teqak, começou a chorar também.

Nenhum dos dois saberia explicar, ao certo, por que choravam.

Mas, indiscutivelmente, estando ambos naquele momento em condições tão desfavoráveis, ocorreu a união de seus sentimentos, numa sofrida saudade de Mazhiv.

Decorridos alguns momentos, ainda sob forte emoção, Teqak perguntou:

– Você se lembra do dia em que vocês me encontraram, perdido no deserto?

– Como esquecer?!

– Lembra-se de que quando chegou a noite, dormi com a caravana?

– Sim, sim, me lembro.

– Pois é: na hora de dormir, Mazhiv deu-me uma manta.

– Que eu havia dado para ele entregar a você. Quando os homens foram dormir, Mazhiv procurou-me e pediu uma manta para você.

– Jesus Cristo!

– O que tem isso a ver com o que você quer perguntar?

– É que... não sei como explicar... quando peguei a manta, me pareceu que ela "falava"...

– Como isso é possível?

– Não sei. Só sei que ela "falava". E o que ela disse que ia acontecer, aconteceu!

– Por Alá! Do que você está falando, homem?

– Sei que você não vai acreditar, mas a manta parecia ter virado gente.

– Gente?! Quem? Ora, Teqak, diga logo de uma vez o que tem a dizer.

– O doutor René!

Mueb espantou-se, mais ainda. No íntimo, começou a pensar que Teqak talvez estivesse em algum tipo de transe, com perturbação mental, provocado pelo sol do deserto, pelos ferimentos e principalmente pela prisão, seguida de julgamento de traição.

"Sim", pensou, "é isso mesmo: Teqak perdeu o juízo".

Olhando para Mueb, Teqak intuiu o que ele pensava a seu respeito. Com expressão agitada, lhe disse:

– Sei o que você está pensando: que eu estou delirando. Mas isso não é verdade. Vou contar uma coisa que jamais disse a alguém: quando eu entrei para a faculdade de medicina, num dia de folga, um grupo de estudantes estava fazendo uma brincadeira. Cada participante escrevia uma palavra num pedacinho de papel e dobrava-o bem. Todos os papeizinhos eram dobrados por igual, pela própria pessoa que nele escrevera a palavra, sendo colocados num boné. A seguir, o mágico começava a retirar um por um. Colocava-o na testa e sem abri-lo, adivinhava qual a palavra escrita ali. Todos ficavam maravilhados. Até descobrirem que havia um truque: a pessoa que lia estava de trato com alguém do grupo, que em segredo já lhe passara antecipadamente o que escrevera no seu papelzinho, o qual ficava sempre para o fim, pois dava um jeito de amassá-lo, na hora de colocá-lo no boné do mágico. Descoberto o truque, a brincadeira perdeu a graça. Foi aí que aconteceu...

Mueb ouvia-o atento, mas convicto quanto à perda do juízo.

Teqak não se alterou para completar:

– No dia de uma prova oral, nos exames de fim de período, o professor de biologia mandou-me retirar uma ficha de uma pequena sacola, que continha trinta números, correspondentes às trinta lições daquela disciplina. A lista das lições era divulgada antes dos exames e assim cada aluno sabia quais as matérias que deveria estudar para a prova.

Teqak parou para respirar fundo e logo prosseguiu, agora falando baixinho, como que temendo que mais alguém os ouvisse:

– Três lições eu sabia por inteiro, até mesmo havia estudado complementos avançados dos temas, em obras de outros

Saara: Palco de Redenção

autores consagrados, diferentes das recomendadas como bibliografia. Pensei no número das lições: 11, 17 e 29. A lição número 17 era a mais difícil de todas as questões daquele período. Mas era a que justamente mais me empolgara, por tratar-se do sistema glandular humano. Quando estudamos as glândulas endócrinas, a epífise em particular, deslumbrei-me com o seu significado e o seu potencial para a vida.

Teqak olhou Mueb bem no fundo dos olhos e confidenciou:

– As fichas não traziam os respectivos números em auto-relevo. Enfiei a mão na sacola e à medida que a ponta dos meus dedos tocava as fichas eu sabia qual o número de cada uma. Até que achei a de número 17. Pensei em retirá-la da sacola. Mas, um pensamento visitou-me a alma, mais rápido do que um relâmpago: "isso não é honesto". Não sei de onde tinha vindo tal advertência, só sabia que não era criação da minha mente. Era de procedência exterior.

Impaciente agora, Mueb inquiriu:

– Pelo amor de Alá, diga-me logo o que aconteceu.

– O professor percebeu minha hesitação e em tom de brincadeira desafiou-me: "Ora, ora, Teqak: está com medo da 17?". Quase perdi o fôlego quando ele disse aquilo. De onde o professor, agora, tirara aquela adivinhação? Até pareceu-me que almas do outro mundo estavam brincando conosco. Ainda e sempre com a mão dentro da sacola, procurei controlar-me e respondi: "não, professor, não estou com medo da 17, aliás, estou com ela na mão". Aí, o mestre sorriu, incrédulo e lançou novo desafio: "pois bem, se isso for verdade, mostre-me e eu o libero para escolher a lição que queira". Meu primeiro impulso foi mesmo retirar vitoriosamente a

ficha 17. Mas, sempre com a velocidade do raio, outra advertência enérgica, visitou-me o cérebro: "não ponha vinagre na flor". Jamais saberei explicar como, mas entendi na hora o recado: quando alguém possui uma faculdade psíquica, não deve utilizá-la em proveito próprio!
– Teqak! – Mueb quase gritou: – e depois? E depois?
– Agindo com honestidade para comigo mesmo, soltei a ficha 17 e apanhei outra. Sabia, no íntimo, de forma indubitável, que se quisesse, poderia tirar a 11 ou a 29. Aliás, poderia tirar a que quisesse...

Mueb não se conteve: colocou a destra no ombro de Teqak e com grande impaciência, entre os dentes, disparou:
– Você está me enrolando. Não acredito em nada do que me contou. Agora sou eu quem não quer saber o resto dessa sua história maluca.
– Mas vou contar mesmo assim. Preste atenção: recordo-me de que tirei uma ficha qualquer e como eu estava preparado para o exame, pude discorrer sobre a lição, não tão bem como se fosse uma daquelas três, a 17 em especial. Quando terminei a explanação o professor olhava-me curioso e não se contendo, gracejou: "E se fosse a 17, hein? Livrou-se do susto, pois não?" Aí, então, a consciência ajudou-me a dizer a verdade e com a maior calma respondi que se caísse a 17 eu me sairia melhor. Pensando que eu trombeteava, o professor voltou a desafiar-me: "pois mostre para todos nós o que você sabe sobre a epífise". Essa, Mueb, era a questão 17: a glândula epífise.
– Você já falou esse nome. O que significa? O que faz essa glândula?
– É uma glândula endócrina, de secreção interna, alojada no cérebro, logo acima e atrás das camadas óticas, sendo

chamada de glândula pineal, pois se parece com a pinha, o fruto do pinheiro.

Após atender a Mueb, Teqak retomou:

— Voltando ao desafio do professor: sem desejo de demonstrar sabedoria, mas tão-somente repassar as sublimidades dessa glândula, narrei o que aprendera sobre ela, comparando-a a um sol vitalizante, cuja alvorada no homem ocorre na adolescência, durando sua jornada até o lento crepúsculo da idade avançada. Ressaltei sua importância vital, desde os animais; sua ação fisiológica nas várias faixas etárias do ser vivo e sua responsabilidade na produção dos hormônios específicos que regulam a sexualidade.

Teqak fez pausa e logo após, emocionado, seguiu:

— Até aí, falava da parte orgânica, mas, de repente, nem sei como aconteceu, passei a discorrer também sobre a parte espiritual, de forma inédita até para mim, como se eu tivesse emprestado minha voz para alguém invisível.

— E o que esse alguém invisível disse?

— Ouvia eu mesmo falando e, no entanto, tinha a nítida impressão de que não era eu. O fato é que eu expliquei então o papel da epífise, verdadeira antena humana apta a receber e repassar para o cérebro notícias do mundo espiritual. Enumerei vários exemplos de vultos históricos, ligados às artes, literatura, música, pintura etc, em particular, que declararam que muitas vezes a inspiração visitava-os de inopino, sendo urgente registrá-la no papel, no pentagrama ou na tela. Confessaram eles que a urgência de tal registro se devia ao fato de que, do contrário, tal inspiração, surgida do nada, estaria perdida, logo indo embora, tão depressa quanto tinha vindo. Ouvi-me ainda dizendo poeticamente que a inspiração é uma ave que voa alto, pousando vez por outra sobre a alma do artista que a trata com amor, onde faz ninho. Completando essas informações, que eram faladas por mim, mas não me pertenciam, encerrei dizendo que a viagem dessa ave a esse ninho, quem a promove e sustém é a epífise.

– E o que o professor disse dessas idéias?

– Nada! Ficou em silêncio. Meus colegas também. Mas, dois anos após eu me formar, um belo dia ele se aproximou de mim e comentou: "a sua tese de que a epífise é a antena espiritual é de extrema valia; meditei e pesquisei, sob o ângulo que você focou e estou plenamente convencido de que é verossímil. Pena que não possamos comprová-la, em laboratório. Aliás, não sei se você sabe, mas no século IV a.C. o anatomista grego Herófilo, considerava que essa glândula tinha funções cerebrais específicas: ordenar pensamentos. A medicina já comprovou, contudo, que a epífise é a usina geradora de hormônios ligados à capacidade de elaborar conceitos, análises e deduções corretas. Tudo a ver com o espírito, pois não[20]?"

– Com o devido respeito – observou Mueb – estive escutando você o tempo todo e sou obrigado a ser franco: nem uma coisa, nem outra, podem ser comprovadas, não é mesmo?

– Como assim, nem uma coisa, nem outra?

– Primeiro, essa história de você saber qual o número da ficha sem tirá-la da sacola; segundo, a outra história dessa tal epífise ser "antena espiritual".

– Você não acredita, não é? Pois então, ao menos uma parte do que disse posso provar.

---

20 – Ratey, John J. *O Cérebro – Um Guia para o Usuário*. Objetiva: 2001: Rio de Janeiro/RJ. (N.M.)

Assim dizendo, Teqak pegou um guardanapo de papel e indo até uma escrivaninha abriu a gaveta e lá encontrou um lápis, quase no fim de uso. Deu-o a Mueb, dizendo-lhe:

– Escreva o que você quiser aí, dobre o guardanapo bem dobradinho e me entregue.

Algo desconfiado, mas aceitando o desafio, daquilo que para ele era uma tremenda bobagem, Mueb pegou o guardanapo, ficou de costas para Teqak e escreveu uma palavra: VIHZAM. A seguir, dobrou-o o quanto pôde e entregou-o ao amigo. Teqak apanhou o papel, fechou os olhos, comprimiu-o entre o indicador e o polegar, pensou alguns segundos e falou:

– Você escreveu o nome do Mazhiv.

Mueb, descrente, começou a sorrir quando Teqak completou:

– ... de trás para frente.

O espanto do beduíno foi maior do que se estivesse no deserto e de repente encontrasse um rio caudaloso. Perdeu a voz. Aquilo era incrível! Vira, mas o cérebro não conseguia aceitar. Como todo guerreiro, num impulso, num golpe, tomou o guardanapo e, novamente de costas para Teqak, escreveu algo. Redobrou-o cuidadosamente e devolveu-o sem nada dizer. Mas o olhar era desafiador.

Teqak repetiu a concentração e o gesto, e após alguns instantes abriu os olhos:

– Você escreveu a saudação colocada no início das suratas do Alcorão: "Em nome de Deus, o Clemente, o Misericordioso".

Mueb, estupefato, não sabia o que dizer. Teqak acrescentou:

— Você anotou o número nove. Isso eu não sei dizer do que se trata.

— É... é o número da única surata que não começa com tão sublimes dizeres.

Os olhos de Mueb brilhavam quais dois minúsculos sóis.

Presenciara ele um dos aspectos mais raros da mediunidade, denominada *clarividência*, a faculdade de certas pessoas poderem ver com olhos não físicos, transpondo quaisquer barreiras, naquilo que se concentrarem, estando próximas ou à distância desse foco, ou seja, perto ou longe. E mais: essa extraordinária visão tem a propriedade de ir ao passado e por vezes até mesmo visitar o futuro!

Derivativa dessa mediunidade, expressando-se por outra característica, há a *psicometria*[21], faculdade mediúnica pela qual o médium, ao tocar num objeto, planta ou animal, ou estar num lugar, vê e conhece a história daquilo em que tocou.

Mueb ia expressar seu assombro quando os dois enfermeiros vieram buscá-lo para ser interrogado.

Ao ser levado à sala de interrogatório, levava na alma a certeza irremovível de que Teqak era um homem abençoado por Alá. "Talvez, um profeta, ou quem sabe, um anjo,

---

21 – Xavier, Francisco Cândido. *Mecanismos da Mediunidade*. Feb: Rio de Janeiro/RJ. Nesta obra o Espírito André Luiz esclarece que a psicometria é "a faculdade de perceber o lado oculto do ambiente e de ler impressões e recordações ao contato de objetos e documentos, nos domínios da sensação à distância".

Bozzano, Ernesto. *Enigmas da Psicometria*. Feb: Rio de Janeiro/RJ. O autor afirma: "Pois que a psicometria não passa de uma das modalidades da clarividência, a esta pertencem, também os seus enigmas". Mais à frente, complementando, "(...) o que acontece é que o sensitivo freqüentemente revela incidentes, ocorridos antes ou depois de haver o consulente usado o objeto; e vai mesmo mais longe às vezes, isto é: ultrapassa o passado e o presente, para aventurar-se pelo futuro". (N.E.)

Saara: Palco de Redenção

disfarçado", pensava. Essa idéia encontrava robusto alicerce em tudo aquilo que presenciara relativo a Teqak: sobrevivera à inclemência do deserto, alertara a caravana do ataque antes de ele acontecer, Mazhiv dera a vida para salvar a dele, curara feridos graves e agora essa coisa fantástica de ler sem ver o que estava escrito. "Sim, positivamente, Teqak é um eleito de Alá."

    O interrogante, que se refizera em parte, estava sentado e olhou Mueb com desprezo. De pé, à sua frente, o árabe pouco ou nada significava para Rimbaud. Olhando para o teto, em postura típica de desdém, ordenou:

– Conte-nos onde, quando e como vocês encontraram o doutor Teqak.

– No deserto, há três dias, quase ao meio-dia, sem montaria, sem água, armas ou alimento.

– Nenhum apetrecho?

Mueb captou, de imediato, que o inquiridor sabia da existência do detonador.

– Trazia numa sacola um detonador, desativado.

– Como o doutor Teqak chegou até ali?

– Isso eu não sei. Aliás, esta foi a primeira pergunta que eu mesmo lhe fiz e ele não soube respondê-la, pois estava perturbado, delirando, com inanição.

– Quais eram os delírios dele?

– Falava em borboletas voando, pronunciava a todo o momento o nome Claire.

– E vocês não o interrogaram, após ele se recuperar?

– Na verdade não houve tempo: um dos meus auxiliares, de nome Mazhiv, que tratava dos enfermos quando adoeciam, recomendou-me aguardar dois dias, antes de descobrir o mistério que envolvia aquele homem.

— Por que não houve tempo?
— Fomos atacados.
— E como é que vocês, estando em número menor do que os assaltantes, conseguiram derrotá-los?
— É uma história também misteriosa: o doutor Teqak previu o ataque e nós nos preparamos devidamente para a defesa.

Nesse momento, Mueb deu um passo à frente e exclamou:
— É isso! É isso! Ele é um anjo!

Quando os dois enfermeiros o seguraram com firmeza, acalmou-se e disse, emocionado:
— Está explicado: ele é um anjo! Só assim poderia sobreviver no deserto e saber, com horas de antecedência, que seríamos atacados.

Mueb ia contar o dom angelical de Teqak, pelo qual ele lia sem ver, mas cautelosamente silenciou-se sobre isso.

Rimbaud, enfastiado, levantou-se e sempre de costas para Mueb, ainda seguro pelos dois enfermeiros, determinou-lhe:
— Não quero saber dessas baboseiras. O que você vai me dizer – por bem ou por mal – é com quem o doutor Teqak está acumpliciado, lá no seu país.

Ante a ameaça, Mueb gratificou-se de não ter contado tudo sobre seu novo amigo angelical. Sabia, porém, que talvez seria submetido a violências.

— Então? – gritou Rimbaud: – Estou esperando a resposta.
— O que sei contei ao senhor. Reconheço que não é muito, mas se só há três dias vi o doutor Teqak pela primeira vez, como poderia saber essa coisa de ele estar traindo seu país?

Saara: Palco de Redenção

– Ah! Então você sabe que ele é um traidor!

– Não, não sei, mas foi isso que esse enfermeiro disse para ele, isto é, que ele está sendo considerado um traidor. Aliás, o senhor mesmo acabou de me perguntar com quem ele estaria acumpliciado no meu país.

Rimbaud, contrariado, olhou para Gustave, o enfermeiro, com imensa reprovação.

Leclerc, o outro enfermeiro, não se contendo, deu um safanão na nuca de Mueb.

Ante o golpe traiçoeiro, o beduíno caiu ao chão e foi chutado no estômago pelo mesmo agressor. Um segundo chute não atingiu Mueb porque Gustave ajudou-o a se erguer e ficou entre ele e Leclerc. Aliás, se Mueb revidasse, provavelmente Leclerc estaria em maus lençóis.

A autoridade interrogante não repreendeu a agressão. Fingiu não tê-la visto.

Segurando Mueb com brutalidade, Leclerc aguardou ordens, que vieram:

– Levem-no para a sala da meditação (eufemismo para solitária). Não há pressa para ele sair de lá. Quarenta e oito horas hão de fazê-lo recuperar a memória.

Quando Mueb foi atirado no úmido e minúsculo cubículo, onde nem a luz do Sol adentrava, compreendeu que talvez dali só sairia pelas portas da morte.

Decorridas várias horas, vendo que o amigo não retornava, Teqak impacientou-se.

A noite encontrou-o desesperado, pela ausência de Mueb.

Quando os enfermeiros – sempre em dupla – vieram trazer-lhe alimento e remédio, perguntou-lhes sobre Mueb. Nem uma palavra ao menos recebeu como resposta.

Agora, mais forte ainda, também lhe invadiu a certeza de que sua vida, ali, estava correndo sério risco. No auge desses pensamentos, quase a roubar-lhe a razão, lembrou-se do bilhete no qual Mueb escrevera o nome de Mazhiv, ao contrário. Tateou nos bolsos e encontrou o bilhete. Pegando-o, foi com enlevo que leu a sublime frase: "Em nome de Deus, o Clemente, o Misericordioso". Sentiu forte radiação sair daquele amassado pedaço de papel e percorrer-lhe todo o corpo, causando indefinível sensação de coragem e de fé.

Ocorreu-lhe orar.

Ajoelhou-se e contrito balbuciou:

– Meu Deus, o Senhor que é Clemente e Misericordioso, ajude-nos, ao Mueb e a mim. Se estiver escrito que a morte virá nos abraçar neste lugar, permita, Senhor, que ela venha sem maldades. Mas se for para a nossa vida continuar nos abençoando, permita que Teus anjos abram as portas para nós dois sairmos daqui.

Sentiu inexplicável calma e, minutos após, adormeceu.

Acordou com alguém o tocando brandamente. Assustou-se. Era de madrugada ainda.

Com a dependência-cela banhada apenas pelo luar, ia esboçar algum gesto instintivo de defesa, fosse qual fosse o ataque iminente de que se julgou vítima, pois na penumbra, um gigante estava de pé, curvado sobre ele. Mas com voz tranqüila e pacificadora o gigante impediu-lhe qualquer ação, acalmando-o de pronto, dizendo-lhe baixinho:

– Doutor, doutor, sou Lorin.

"Lorin", lembrou-se Teqak, "era seu auxiliar na enfermaria, tendo prestado boa cooperação em vários atendimentos." Pediu confirmação:

— Lorin, sargento Lorin?
— Sim, sim. Estou de plantão aqui esta noite e quando soube que o senhor era um dos presos, quero dizer, pacientes, aguardei até agora, para vir visitá-lo. Todos dormem.
— Que horas são?
— Quase quatro horas.
— O que você sabe a meu respeito?
— O senhor foi lá para o outro país, juntamente com a equipe precursora de negócios e sumiu, com sua noiva. Depois foi capturado no deserto, não muito distante da capital, com uns beduínos, seus amigos.
— Capturado?
— Sim! O senhor é prisioneiro de guerra, sob forte suspeita de traição.
— Meu Deus, meu Deus! Onde está Mueb?
— Aquele beduíno seu amigo que foi preso com o senhor?
— Sim, ele mesmo.
— Está na solitária, de onde só poderá sair se confessar a sabotagem que estava planejada para eliminar os militares do nosso e os do país dele, quando fosse feita a negociação. Aliás, sairá de lá, de qualquer jeito, quarenta e oito horas após ser trancafiado. Essa foi a ordem do doutor Rimbaud.
— Isso é uma tremenda mentira! Mueb é inocente. Nada fez contra o seu ou o nosso país. Eu também! Quem disse que havia planos para eliminar os negociadores dos dois países?
— Ouvi esses comentários.
— Como está o Mueb?
— Sinto muito, doutor, o doutor Rimbaud deu esse prazo para que ele confesse ou então para que seja encaminhado à corte marcial. Isso, em última análise, significa que confessando ou não, foi decretado o fim dele.

– Por que o doutor Rimbaud foi investido da função de interrogador nesse caso?

– Porque ele é um dos donos da indústria que fabrica os armamentos em negociação e tendo feito cursos e estágios junto aos órgãos militares, pediu e conseguiu ser nomeado para agir como sindicante nesse caso.

– Lorin, quem disse a você tudo isso?

– Quando iniciei meu turno desta noite recebi todas as instruções de Gustave, que me contou, em sigilo, quando Leclerc deixou este aquartelamento. Gustave não confia no colega e receia que ele cometa alguma maldade com o beduíno.

– Pelo amor de Deus, proteja Mueb!

– O que posso fazer pelo beduíno, doutor? Gustave pediu-me, cautelosamente, para cuidar do senhor e embora isso constitua sério risco para mim, farei tudo o que estiver ao meu alcance.

– Por que Gustave pediu-lhe para você proteger-me?

– O senhor não se lembra?

– De quê?

– Há mais ou menos uns oito anos o senhor operou a perna da filhinha dele.

– Oito anos? Quem... qual o problema dela?

– Simonne tinha sido atropelada por uma motocicleta, teve fratura exposta da perna e foi o senhor que realizou a cirurgia. Ajudei-o na enfermagem. O senhor ainda era Aspirante a Oficial de Saúde e eu era Cabo enfermeiro.

– Estou me lembrando, só não sabia que aquela garota era filha do Gustave.

– O Gustave, na época, não trabalhava aqui na capital. A filha estava de férias, na casa dos avós. Depois ele foi

Saara: Palco de Redenção

transferido para cá e veio com a família, a esposa e mais dois filhos. Tornaram-se agradecidos ao senhor para sempre. Ele e a família, inclusive, querem manifestar a admiração que lhe dedicam, mas têm sido impedidos por amigos, pois nesses processos de julgamento por traição, qualquer pessoa que prestar solidariedade a suspeitos pode vir a ser considerada cúmplice.

– Mas eu não sou traidor! Que provas têm contra mim?

– Isso é sigiloso e acredito que só as altas autoridades têm acesso às informações e aos detalhes do inquérito.

Teqak ficou pensativo por algum tempo.

Encaminhou-se à pequena janela gradeada e olhou a Lua, que àquela hora estava esplendorosa, sendo cortejada por inúmeras estrelas.

Alcançado pela suavidade lunar – a incomparável suavidade lunar, que tantos benefícios oferta aos espíritos que a contemplam com os olhos da alma – Teqak elevou o pensamento até Jesus e quase em êxtase orou, apenas pelo pensamento, como se conversasse com aquela doce luz que banhava metade da Terra e a ele, em particular, segundo imaginou, pelo bem-estar que sentia:

"Lua, Lua, diga a Jesus, o Bom Pastor, que duas ovelhas do rebanho estão a se perder."

Embora a madrugada tivesse trazido o frio, lágrimas escaldantes rolaram pela face do prisioneiro.

Comovido, Lorin abraçou-o forte.

Tamanha era a corpulência e tanta a força moral do sargento, dando-lhe apoio psicodinâmico, que Teqak, por um segundo, sentiu-se qual bebê agasalhado e protegido em braços paternos.

— O coronel Joubert! — exclamou de repente Teqak. — Sim, ele poderá ajudar a mim e ao Mueb. Não é que eu esteja cobrando, mas operei também a mãe dele, quando ela fraturou o colo do fêmur, deixando-a bem. Na época, ele me prometeu que um dia gostaria de fazer alguma coisa por mim. Como não pensei nisso?

— Mas como o senhor poderia falar com ele? Quer que eu o procure, em seu nome?

Teqak pensou um pouco e não aceitou a oferta de Lorin.

— Seria perigoso para você. Tem de haver um outro meio.

— Como perigoso, capitão? Trabalho no quartel em que ele é o comandante!

— Não acredito!

— É verdade!

— Graças a Deus! Então foi mesmo um anjo que me inspirou a lembrança do coronel.

— Amanhã, ou melhor, quando o dia clarear, irei falar com ele.

— Tenha muito cuidado! Não quero que você se prejudique por minha causa. Por falar nisso, será que você pode ir ver o Mueb e dizer-lhe que: se Alá escreveu, logo chegaremos ao oásis?

— Farei isso, capitão, mas não retornarei aqui neste turno para não comprometer a ajuda que quero prestar-lhe.

Por vinte e quatro horas Teqak não recebeu notícia alguma, nem foi procurado pela autoridade inquisidora. Toda vez que recebia alimento e algum remédio, era a dupla Gustave-Leclerc que trazia. Os dois entravam mudos e saíam calados.

"Ordens", deduziu Teqak: "os enfermeiros estão cumprindo ordens expressas".

E isso era verdade.

Contudo, com ou sem ordens expressas, ninguém comanda os sentimentos, e a gratidão, quando existe, manifesta-se com intensidade, por vezes com um simples e fugidio olhar, em expressão sem palavras, na verdade superior a um discurso de agradecimentos.

E era assim que Gustave, dissimuladamente, se dirigia ao doutor e o tratava. Este, que um dia, num momento de desespero paterno e materno atendera com zelo e carinho sua filha, cujos pais se achavam longe.

Vencera o prazo dado pelo doutor Rimbaud para Mueb ficar na solitária.

Teqak não recebera mais a visita de Lorin. Não se continha de tanta angústia. As idéias se atropelavam na mente.

Assim, foi com temor que recebeu a convocação para ser conduzido à sala do doutor Rimbaud. Notou, de relance, que os dois enfermeiros estavam modificados, principalmente Leclerc, que agora o tratou com respeito, não apenas militar, mas principalmente humano.

Foi conduzido sem algemas.

8

Jesus: "Mestre-de-Obras"

Ao adentrar, entendeu de pronto duas coisas: em primeiro lugar, que o oásis chegara, isto é, na sala estava o coronel Joubert, o que, de alguma forma, sinalizava forte proteção para ele; em segundo lugar, captou que Rimbaud e René igualmente se mostravam gentis.

Antes que alguém dissesse qualquer palavra, o coronel aproximou-se de Teqak, examinou-o com cuidado, não escondendo um olhar de desaprovação, dirigido aos quatro carcereiros, ao notar que seu comandado apresentava evidentes sintomas de fraqueza, olheiras e mais que tudo, aflição.

O olhar profundo que o coronel dirigiu a Teqak mais parecia um aparelho de raios-X, radiografando-lhe a própria alma.

Saara: Palco de Redenção

Teqak, com a invencível força da razão, sustentou o olhar do seu comandante.

O coronel, calejado ante os multiplicados testemunhos que a carreira militar lhe proporcionara, acrescidos de ser profissional de medicina, captou que seu subordinado espelhava angústia e inocência.

Com efeito, lágrimas estancadas até aquele momento – decisivo para o futuro de Teqak –, anunciaram que logo romperiam o dique do controle emocional que as represavam.

Duas lágrimas, quais minúsculos brilhantes brincando com a lei da gravidade, deixavam à mostra que Teqak estava à beira de extravasar a angústia que ia em sua alma.

A "poderosa" autoridade inquisidora, agora com trejeitos de submissão, disse:

– Então, chefe? Está vendo como o doutor está sendo bem tratado, desde que o salvamos?

Teqak sentiu asco por tanta falsidade: agora era "o doutor" e não mais "o prisioneiro"; tinha "sido salvo" e não "aprisionado".

Como que adivinhando o pensamento de Teqak, o coronel disse entre dentes:

– Se ele necessitava de tratamento, por que foi trazido para uma cela? E quais são as provas contra um brilhante oficial médico das nossas Forças Armadas, para encarcerá-lo?

Joubert sequer aguardou resposta. Antecipando-se, apanhou o telefone celular e fez uma ligação, à vista espantada de todos, pois sequer fez menção de ocultar para quem ligara e para o quê. Assim que completou a ligação, disse em tom incisivo:

– Aqui é o coronel Joubert. Quero falar agora com o general...

Poucos segundos depois, ouviram-no dizer:

– Bom dia, general. Estou no Hospital do Leste e peço autorização para reconduzir o capitão Teqak ao meu departamento de saúde, onde ficará custodiado por mim, em refazimento.

– ...

– Sim, excelência, é ele mesmo.

– ...

– O beduíno?! Como? Pois ele que salvou o nosso capitão...

– ...

Assumo, sim senhor. Passam, os dois, a ser responsabilidade minha.

– ...

– Sim, senhor, ficarão comigo nesses três dias. Esse é prazo suficiente para eu apresentar ao Conselho Maior de Investigações um relatório circunstanciado de tudo o que apurar.

– ...

– Até breve, senhor. E obrigado. Recomendações à senhora Pedrine.

Brilhavam, agora, os olhos do coronel, quando determinou a René:

– Traga-me agora mesmo todos os pertences do capitão e do beduíno.

Sem olhar para o doutor Rimbaud, a ordem do coronel a René punha em evidência que a autoridade inquisidora, ali, não mais tinha qualquer poder.

– Mas, senhor, dos dois?! – Tentou René alegar algum impedimento, olhando para Rimbaud, que por sua vez, mostrou-se contrariado, pois nada podia mesmo fazer.

— Parece que você não está ouvindo bem ultimamente, hein, René? — Disse o coronel, num tom aveludado, mas pousando-lhe a mão no ombro, com exagerado peso.

René sentiu medo, qual se uma montanha estivesse para desmoronar sobre ele. Todo subserviente, gaguejou:

— Sim, senhor.

Olhando mais firme ainda e falando mais baixo, quase lhe sussurrando ao ouvido, o coronel ordenou:

— Aliás, antes de trazer os pertences dele, traga-me o beduíno, agora!

René ficou lívido.

A autoridade interveio:

— Coronel, o beduíno não está em condições de ser removido.

— Ah, não? E posso saber por quê?

— Os ferimentos dele não melhoraram com os remédios.

— Muito bem. Se ele não pode vir até nós, iremos até onde está. Vamos!

— Senhor, ele está na solitária!

— O quê? Como foi parar lá, estando com ferimentos que não respondem aos remédios?

— É que ele nos desrespeitou, ao ser interrogado.

Teqak não conseguiu se conter e saltou sobre René, para esmurrá-lo, caindo ambos.

Joubert, em ação rápida, impediu a briga e mudou o rumo dos acontecimentos, determinando:

— Preciso averiguar algumas coisas. Levem-me até o beduíno! Teqak, fique aqui!

René e Rimbaud entreolharam-se, apreensivos. Logo, René determinou aos dois enfermeiros:

– Conduzam o coronel até o prisioneiro árabe.

– E vocês, não querem me acompanhar? – perguntou o coronel a René e Rimbaud.

– Eu vou ao banheiro e encontro o senhor a seguir – disse René.

– E eu – desculpou-se Rimbaud – tenho de fazer um telefonema para minha fábrica.

Quando todos saíram, deixando-o só, Teqak viu o boné que René esquecera ali, o qual estivera segurando nervosamente, o tempo todo. Ao se retirar, deixara-o sobre a mesinha, pois saíra com pressa e intimamente agitado.

Teqak apanhou aquele boné e ia amassá-lo, com raiva, quando uma cena formou-se diante dos seus olhos: René abrindo a maleta individual e de lá retirando uma seringa e uma ampola de medicamento. No mesmo instante ouviu, ou imaginou ouvir, uma voz, ou algum som parecido com voz, tudo indefinido na mente, mas deixando um recado de que René estava indo destruir provas de algum crime.

Raciocinando por conta própria despertou nele terrível reflexão: Mueb! Quase com certeza deduziu que René, por algum desconhecido motivo pretendia eliminar seu amigo árabe. Mas, por quê? Que perigo Mueb representaria para René? Ou, numa análise tão ampla, quanto descabida, para o país no qual agora estava preso?

Essas idéias visitaram a mente de Teqak em menos de um segundo.

Nesse ínterim, o coronel Joubert chegava à solitária onde Mueb estava segregado.

Encontrou o árabe em péssimas condições físicas: trêmulo, olhos encovados, beirando à inanição e ao desmaio.

— Água, água, por Alá, por misericórdia – implorou Mueb.

Nem foi preciso qualquer esforço ou exame para Joubert diagnosticar que o prisioneiro estava submetido à fome e sede, com perigosa desidratação.

Mediante ordens severas do coronel, de pronto Mueb foi conduzido a atendimento de urgência, ministrado pelo próprio Joubert.

Enquanto atendia Mueb, o coronel mandou chamar Teqak.

Quando chegou e viu a condição precária do amigo, Teqak não se conteve:

— Senhor, peço que acredite em mim: não estou ficando louco, mas quando agarrei René pelos colarinhos, tal contato físico fez surgir em minha mente um quadro estranho: vi-o aplicando uma injeção em alguém, às ocultas.

— Ora, ora, Teqak, você está exaltado e com razão.

— Há mais, senhor: quando René se retirou e fiquei sozinho, apanhei o boné dele e aí a cena ficou clara para mim. Ele quer matar Mueb. Planeja assassiná-lo!

— Teqak! – advertiu o coronel Joubert – jamais faça acusações sem provas, ainda mais a um oficial, seu colega. Se, pelo lado da lei civil isso é crime, da parte militar o é também, ainda mais acrescido da falta de corporativismo, que é a base sólida da vida castrense. Estou aqui justamente para impedir que isso mesmo aconteça com você.

— Mas, senhor, eu vi, ele quer assassinar Mueb!

— Teqak, cuidado! Se insistir com a acusação e não puder prová-la, não poderei ajudá-lo, inclusive terei que onerá-lo com a instauração de sindicância, na qual você poderá complicar-se ainda mais do que já está.

– Eu vi! Eu vi René com uma injeção destinada a Mueb. Era letal.

– Não vou oficializar sua denúncia. Absolutamente. Se em um ou dois dias você ainda mantiver essa idéia, então não me restará alternativa.

O coronel Joubert retornou à unidade militar da qual era diretor, conduzindo Teqak e Mueb. Alojou-os, com recomendações expressas de repouso para ambos, não devendo ser molestados, em nenhuma hipótese.

Samir estava com eles. Sem que sua presença fosse captada dispensou tratamento fluidoterápico em ambos os feridos.

A robusta compleição de Mueb e o apoio de Samir impediram que o seu quadro de saúde se agravasse e horas mais tarde, quase no fim do dia, quando o coronel retornou para visitá-lo, encontrou-o fora de perigo.

Joubert tinha boas novidades para ambos: por sua interferência junto ao alto comando, permaneceriam naquele aquartelamento, onde era comandante e no qual havia uma subunidade de saúde. Nessa companhia receberiam cuidados redobrados, principalmente Mueb.

E assim, ficaram ambos num apartamento simples, tranqüilo e de janelas amplas, com camas de solteiro, pouco mobiliário e sem aparelhos eletroeletrônicos. Abertas as janelas durante toda a noite, foram brindados pelas balsâmicas fragrâncias de uma minifloresta de eucaliptos, bem nos fundos do aquartelamento.

No dia seguinte, um sábado, a presença e a movimentação militar eram apenas as do pessoal de serviço. Não obstante, o coronel Joubert compareceu ao seu quartel e após

Saara: Palco de Redenção

verificar que tanto Teqak quanto Mueb estavam em franca recuperação, principalmente o árabe, convidou o capitão:

— Arnaud, vamos dar uma volta pelo bosque? Deixemos Mueb repousando um pouco mais.

Tanto Teqak quanto Mueb captaram, de pronto, que Joubert queria ficar a sós com o capitão, certamente para conversarem mais à vontade, sem testemunhas.

— Com todo prazer, senhor.

Samir foi com eles.

Na primeira de muitas voltas que dariam pelas floridas alamedas do quartel, sempre passando em frente ao bosque de eucaliptos, o coronel perguntou, não em tom acusador, mas sim com profunda preocupação:

— Arnaud, o que aconteceu?

Já tendo respondido inúmeras vezes a essa mesma pergunta, dessa vez Teqak saiu do lugar-comum de dizer a verdade e, como resposta — angustiosa — exclamou:

— Coronel, não posso provar, mas há uma certeza na minha mente: uma conspiração põe em perigo a vida de muitos homens.

Franzindo a testa e algo aborrecido com o que ouviu, Joubert insistiu:

— Você não me respondeu.

— Respondi sim, senhor, de uma forma indireta. Rondando por sobre minha cabeça há perigo em potencial, sinto-o com inaudita certeza!

— Cuidado, capitão, com idéias preconcebidas. A vida vem me ensinando que elas são muros em solo pantanoso, longe do bom senso. E esses muros são feitos com tijolos esfarelantes, pois são falsas premissas, argamassa sem liga que é a ausência de análise, e colunas armadas de acrílico apenas, brilhantes, mas frágeis. Afinal, que espécie de perigo, capitão?

Chamá-lo pelo posto militar e não pelo nome sinalizava que o tom de amizade cedera lugar ao profissionalismo da caserna. Teqak tentou explicar:

— Preciso contar uma coisa incrível ao senhor, indene a análises, e se há um muro nela, não repousa no pântano, mas na fronteira que separa a vida da morte, o normal do sobrenatural.

Agora mesmo é que o tom intimista colocou Joubert de sobreaviso, já começando a pensar que talvez Teqak não fosse o bom militar que até ali era detentor de tal consideração.

Teqak captou essa desconfiança, mas não se abalou:

— Ultimamente estão acontecendo coisas estranhas comigo. Quando menos espero ou sem nada imaginar, toco em algum objeto, e vejo numa imaginária tela mental cenas e fatos do passado, ligados ao dono desse objeto. Era assim até ontem, porque hoje, visitei o futuro.

— Explique-se, capitão!

— O problema, coronel, é que nem eu consigo explicar como isso acontece. Mas que acontece, acontece!

— Dê-me pormenores.

— Sei que não posso provar, mas René está envolvido no meu seqüestro.

— Oh, não, outra vez? Cuidado Arnaud, já o adverti quanto à acusação sem prova: é difamação! Imperdoável!

— Aí é que reside o problema, senhor, não tenho como provar.

— Seu aludido seqüestro faz parte do passado. E sobre o futuro, que há pouco mencionou, o que você tem a dizer?

Saara: Palco de Redenção

– René estava com um anestésico potente na bolsa. Ia aplicá-lo em Mueb.

– Até que você me prove ou que surjam evidências a respeito, vou considerar que não ouvi nada a respeito disso. Mas tome cuidado, pare de ficar dizendo essas coisas, sem provas.

Nisso, um alegre cãozinho, sem dono definido, pois era de todo o quartel, hospedado e perambulando por ali há tempos, veio veloz em direção a eles, sem ser convocado. Amigável, festivo, abanando o rabo, orelhas rentes à cabeça, quase sorrindo, essa ao menos era a impressão que dava. Reconhecendo o doutor Arnaud Teqak, que há muitos dias não via, chegou perto dele e assim que julgou viável, deu um salto, tentando beijá-lo. Ao menos, conseguiu lamber as faces de Teqak que, emocionado, retribuiu a demonstração de amizade, acariciando-o bastante, mas sem lambidas.

O animal, a seguir, foi cumprimentar aquele que, ali, era o chefe.

Com a natural percepção espiritual dos animais – não se tratando, em absoluto, de mediunidade, que eles não possuem – o cãozinho deu algumas latidas aleatórias ao pressentir que havia mais gente ali. Era Samir.

Ao retribuir o carinho do animal, Joubert deixou cair seu inseparável bastão de comando.

Teqak apanhou-o e entregou ao coronel, após este se livrar do intempestivo e incontido júbilo do cãozinho que, sentindo-se aceito pela dupla, a ela se incorporou, para participação e prosseguimento do passeio.

Quando segurara o bastão por alguns segundos, isso foi o suficiente para acontecer aquele estranho fenômeno: Teqak viu Joubert embarcando, via aérea, rumo ao deserto.

Foi sob espanto que o capitão devolveu o bastão ao coronel, que ao vê-lo nesse estado, inquiriu:

– O que foi dessa vez?

– Coronel, pelo amor de Deus, leve-me com o senhor!

– Mas o que é isso? O quê? Levá-lo para onde, homem de Deus?!

– Para o deserto, onde fui ferido, sei que o senhor irá para lá.

Joubert ficou lívido. Na noite anterior, após alojar Teqak e Mueb, foi convocado a comparecer ao alto comando, onde foi convidado a fazer parte de uma comitiva que em breve iria até a ex-colônia, em missão militar ultra-sigilosa, visando consolidar troca comercial de vultoso valor: material bélico por petróleo.

Joubert foi justamente convocado por ser comandante do capitão Arnaud Teqak, o qual, no início dessa mesma negociação, cerca de uma semana atrás tinha ido com uma pequena comitiva precursora, da qual René fazia parte. A comitiva principal chegaria dois ou três dias depois, juntamente com os produtos que seriam negociados. Com o desaparecimento de Teqak, voltaram todos ao seu país, interrompendo temporariamente as negociações.

Joubert apurou que Teqak pedira para levar a noiva, Claire, sendo negada permissão. Como insistira, para não despertar suspeitas, foi autorizado a encontrar-se com ela, indo em vôos diferentes, o que realmente aconteceu. Hospedaram-se no mesmo hotel e lá, misteriosamente para ele, ela desapareceu e ele foi seqüestrado. Teqak surgira no deserto, mas a noiva continuava desaparecida. Ao ser encontrado, o capitão Arnaud apresentava condições estranhas e com explicações mais estranhas ainda, improváveis, mesmo.

Quase murmurando, Joubert perguntou:
– Como é que você pode saber disso? Foi ontem à noite e eu não comentei com ninguém!
– Vi quando peguei seu bastão de comando.
– Por Deus! Então você vê mesmo o futuro!
Mudos, os dois militares deram uma volta inteira no bosque.
Joubert quebrou o silêncio:
– Diga-me, Arnaud, você tem noção de como age essa faculdade?
– Não, senhor, não tenho.
– Alguma vez você se prejudicou por causa dela?
– Não senhor, nunca. Se o coronel me permite, acrescento até que só me beneficiou: quando criança, num jogo, ao pegar na bola de um amigo, que por ser o dono determinava quem podia ou não jogar, captei que ele estava com um grande medo. Quando tive oportunidade de ficar a sós com ele comentei minha impressão e ele começou a chorar, pois seu padrasto bebia todos os dias e dava surras nele e na mãe. Decidi na hora: fui com ele até sua casa e a pretexto de fazermos uma lição de casa, fiquei lá até o padrasto chegar. E ele chegou embriagado, resmungando, ameaçando. Quando me viu, teve um choque e foi logo impondo: "cai fora, moleque, temos contas a acertar em família". Não suportando aquela grosseria respondi: "sim senhor, vou sair e buscar a polícia". O homem ficou mais furioso, mas como sustentei seu olhar de ódio, logo começou a se lamentar, dizendo coisas ininteligíveis. Senti piedade dele e aproximei-me. Toquei-lhe de leve o ombro e ia pedir-lhe para não beber mais, nem agredir a esposa e o filho, mas não consegui, pois tive um

grande susto: vi o corpo dele por dentro, com fogo do lado direito do tórax, entre um pulmão e um rim. Logo ele adormeceu. Narrei o que vi para a mãe do meu colega e então ela chamou o pronto-socorro que veio e levou o marido, que acabou sendo internado.

Fazendo uma pausa, Teqak olhou para o perfumado bosque de eucalipto e concluiu:

— Ele estava gravemente enfermo; hoje sei que se tratava de cirrose hepática aguda. Faleceu em menos de um mês.

Joubert apenas ouvia, sem nada dizer. Teqak acrescentou:

— Há três dias, quando fui interrogado pelo doutor Rimbaud, diante do desprezo e insultos que me dirigiu, só consegui me controlar porque recordei dos tempos de estudante, das aulas de psicologia. Lembrei-me também de que por mais de uma vez, ao sortear o número para a chamada oral, sempre sabia onde estavam aqueles sobre os quais eu mais tinha conhecimento. Alguma coisa, contudo, sempre me impediu de me aproveitar disso e escolher citados pontos.

— A consciência, Arnaud, a consciência — disse Joubert.

Andaram mais um pouco em silêncio até o coronel perguntar, de chofre:

— Você conhece o Espiritismo?

— Não senhor. Já ouvi ralas referências sobre essa seita, mas a desconheço completamente.

— Não se trata de uma seita, mas sim de uma doutrina e está na hora de você começar a estudá-la!

— Estudar, coronel?

— Sim. O Espiritismo não se restringe apenas ao aspecto religioso, mas engloba igualmente filosofia e ciência.

— Qual o aspecto filosófico do Espiritismo?

– Consubstanciando a moral de Jesus, inúmeros espíritos superiores fizeram aportar no planeta, via mediúnica, a revelação do que somos, de onde viemos, para onde vamos, qual o objetivo da nossa existência e qual a justificada razão da dor e do sofrimento.

– Mas, coronel, o Espiritismo engloba também a ciência?!

– E por que não? Estudando uma variedade ímpar de fenômenos extrafísicos, ditos sobrenaturais, dimensiona-os num gradiente espiritual de leis da natureza, leis essas promulgadas por Deus, o que a elas confere a chancela da perfeição.

Como o capitão se interessasse pelo que dizia, Joubert prosseguiu:

– Muitos, muitos mesmo, foram os homens da ciência, de vários países, que estudaram esses mesmos fenômenos. Alguns desses pesquisadores eram nossos patrícios. Cito, de memória, Richet e Delanne, franceses; Crookes e Conan Doyle, ingleses; Lombroso e Bozzano, italianos; Rhine, norte-americano; Aksakof, russo; e até mesmo Jung, suíço[22].

– O que concluíram esses pesquisadores?

– Por vezes, sob o rótulo de metapsíquica, outras vezes sob o de parapsicologia, na verdade, o fundamento sempre foi o mesmo, isto é, todos se basearam na convicção insofismável da continuidade da vida após a morte e da comunicabilidade dos de lá, com os de cá. Como todo pesquisador, deram rótulo científico aos fatos pesquisados.

Para que Teqak assimilasse bem o que dizia, Joubert explicou:

---

22 – Ao final desta obra, em *Adendo*, identificamos e qualificamos os vultos históricos citados, os quais se detiveram em analisar o Espiritismo. (N.M.)

– Nessa questão de termos, definições e conceitos, é sabido como os intelectuais gostam de neologismos, o que lhes confere algum ineditismo, mesmo como no caso do Espiritismo, que já tinha devidamente tipificada e nominada toda a vasta gama daquelas pesquisas.

Ante o singular espanto de Teqak, Joubert prosseguiu, com brilho nos olhos:

– Sim, nenhum deles se comparou a Allan Kardec, nosso patrício, que, com monumental senso pedagógico, examinou, analisou e refletiu sobre incontáveis testemunhos de fatos sem explicação científica, criando sensacional código de decifração dos mesmos, pela lógica da participação neles de espíritos de homens que já haviam morrido. Em outros termos, Kardec apropriou a lógica da intermediação espiritual, para justificar com bom senso os acontecimentos que a ciência terrena não pode explicar.

Teqak ouvia, surpreso e encantado. Nunca imaginara que o coronel fosse homem dedicado a tais estudos, que de certa forma eram condenados por considerável parte da sociedade, principalmente pelas autoridades eclesiásticas.

Ficou mais espantado ainda ao ouvir Joubert complementar:

– Tive em minha mulher uma verdadeira guia, pois foi ela que insistiu comigo, quase à exaustão, para que eu trocasse o pensamento positivista pela mentalização espiritualista. Foi graças a ela que comecei a estudar as chamadas Obras Básicas[23] do Espiritismo, começando pelo *O Livro*

---

23 – Obras básicas – Codificação: *O Livro Dos Espíritos, O Livro dos Médiuns, O Evangelho Segundo O Espiritismo, A Gênese* e *O Céu e O Inferno*. Estes livros compõem os conhecimentos que temos sobre a Doutrina Espírita, dados pelos

dos Espíritos, que me encantou, pela simplicidade com que demonstra a Justiça de Deus, ao explicar de forma racional o porquê de todos os problemas que atingem o ser. Tamanha e tanta é a clareza espírita, que convence pelo raciocínio, afastando em definitivo qualquer sentimento de queixa ou de vitimação.

Samir tocou a fronte de Teqak que, nesse momento, por intuição olhou para a mão de Joubert e no dedo anelar viu duas alianças. Não se contendo, pediu:

– O senhor deixa-me pegar na aliança que foi da senhora Claudine?

Sem entender o pedido, mesmo assim Joubert anuiu. Com os olhos marejados, entregou a aliança a Teqak, que tão logo a teve nas mãos, sentiu uma suave eletricidade percorrer-lhe de alto a baixo. No mesmo instante, concentrado, informou:

– Senhor, senhor, vejo sua esposa, sorridente, meiga, dizendo-lhe que o ama e que esta oportunidade é bênção de Deus, pois ela está de partida para um estágio numa instituição espiritual, de aprendizes de pedagogia, já que pediu essa tarefa para sua próxima etapa terrena, sendo atendida.

– Próxima etapa terrena?!

– Sim, que será num futuro ainda algo distante, muitos e muitos anos à frente. Diz que ao voltar à vida material, então, será professora.

---

espíritos e *Codificados* por Allan Kardec, i.e., partindo deles temos um código de preceitos doutrinários pelos quais nos guiamos e que dirigem a Doutrina e o relacionamento entre as pessoas e o mundo dos espíritos, semelhante aos códigos legais que estabelecem as relações sociais entre cidadãos e o Estado. Embora não façam parte da Codificação, são recomendáveis, para conhecimento da Doutrina Espírita: *O que é o Espiritismo*, *Obras Póstumas* e a coleção *Revista Espírita* (1858-1869). (N.E.)

— Jesus Cristo! Claudine vivia dizendo que na outra vida adoraria estudar muito pedagogia, para ser professora.

— Acrescenta dona Claudine, que é abençoado aquele propósito do senhor e dela em fundar o centro de estudos para reuniões espíritas e para não esquecer que Deus é o arquiteto do Universo, e Jesus o Seu mestre-de-obras, construtor e empreiteiro que edifica o alicerce espiritual de tais obras, ainda mais quando objetivam auxiliar aos desamparados do corpo, e principalmente do espírito.

— Mas isso é incrível! Apenas eu e Claudine sabíamos, ou melhor, sabemos, desse nosso projeto íntimo. E foram exatamente essas as últimas palavras que ela pronunciou e só eu ouvi, momentos antes de Claudine desencarnar: "Se Deus é o arquiteto do Universo, Jesus é o Seu mestre-de-obras, construtor e empreiteiro que edifica o alicerce espiritual das instituições voltadas para o auxílio aos desamparados".

Lágrimas silenciosas e diamantinas capturavam o brilho do Sol, para só então rolarem pela face de Joubert, que suplicou a Teqak:

— Diga-lhe que sempre a amei, sempre a amarei!

— Diz-lhe que sabe disso e é exatamente o que sente pelo senhor. Está se despedindo, mas informando que por alguns dias ainda nós teremos sua companhia, em situações que Jesus permitir.

Ambos os militares, médicos, deram ainda mais uma volta no bosque, sem dizer palavra, num silêncio compartilhado – Joubert, por absoluta impossibilidade de manifestar, a viva voz, o fulgor abençoado que invadira sua alma; Teqak, mais por emoção do que por respeito.

Quando pôde, Joubert assegurou com firmeza:

– Não há a menor dúvida de que você possui uma inestimável capacidade mediúnica, denominada psicometria, que posta a serviço do bem poderá se tornar poderosa ferramenta de ajuda para muita gente. Veja, por exemplo, o quanto o ajuda e agora a mim!

– Eu, coronel?! Como poderei ajudar pessoas com esse gesto de tocar em seus objetos e nelas próprias e ver coisas relativas a elas?

– Mas será possível que o meu capitão está perdendo o senso de análise? Então não captou, minutos atrás, que me prestou a maior ajuda de toda minha vida?

– Como assim, senhor?

– Vou confessar, só entre nós quatro.

– Quatro?!

– Pois então Claudine não está por perto?

– Mas, então, seríamos três.

– E Deus? Não está em toda parte?

Joubert abraçou forte Teqak, quase encostando coração no coração. Teqak sentiu o deslembrado conforto que só a amizade proporciona. Joubert, logo, retomou:

– Vou confessar que, com a morte de Claudine, perdi o rumo de qualquer ideal e cada vez mais vinha me deprimindo, até momentos atrás. O que você retransmitiu vindo da parte dela, pela inquestionável autenticidade, me faz sentir como uma pessoa que nasceu de novo. Sabendo-a bem e penitenciando-me do meu distanciamento da fé no futuro, do amor de Deus e do amparo de Jesus, vou dedicar-me de corpo e alma a materializar o nosso projeto, meu e de Claudine: vou começar, assim que voltar da minha viagem, a providenciar a construção do centro de estudos e reuniões espíritas, com dependências para atender a famílias pobres também. Tenho um terreno ocioso e algumas economias. Não há mais tempo a perder, além daquele que já perdi.

– Quero ser o elemento número cinco dessa entidade.
– Cinco?!
– Pois então não? Deus, o primeiro; Jesus, o segundo; dona Claudine, o terceiro e o senhor, o quarto. Assim, eu serei o quinto.

Quando o coronel Joubert, na noite anterior, recebera a incumbência de participar da equipe que iria à África retomar os termos da comercialização de material bélico, foi-lhe explicado que isso se devia ao fato de Teqak – seu subordinado – estar sob suspeita de traição. Assim, como comandante dele, poderia prestar apoio às investigações em curso, tanto num quanto noutro país, junto aos clientes africanos.

Agora, recebendo o pedido do próprio Teqak para acompanhá-lo, julgou que isso seria até estrategicamente viável, pois se houvesse traição – fato que ele não acreditava –, lá, no local em que eventualmente aconteceu, com a presença de um dos agentes, Teqak, no caso, ela emergiria.

Assim que terminou o passeio, Joubert foi ao seu gabinete e ligou para a chefia do alto comissariado militar, para expor seu pensamento, de levar Teqak com ele. Ao cumprimentar o chefe da missão, antes de fazer a proposição foi surpreendido:

– Que bom, Joubert, você ter me ligado. Estive pensando, desde ontem à noite e, há poucos instantes, ocorreu-me uma idéia: talvez devêssemos levar Teqak conosco, ficando sob sua supervisão. Lá, onde negociaremos, se de fato ele for traidor, não conseguirá impedir que nossos investigadores detectem seu acumpliciamento.

Joubert quase não acreditava no que ouvia: ia propor a ida de Teqak e, há poucos instantes, esse mesmo pensamento ocorrera ao chefe. Nesse momento ocorreu-lhe outra idéia, que repassou ao general comandante:

– Meu general, por dever de justiça devo comunicar a vossa excelência que era isso mesmo que me levou a telefonar para o senhor. Estou feliz pela sua decisão, que atende à solicitação que sequer cheguei a enunciar. Mas se o senhor me permite, ocorre-me sugerir que o beduíno vá conosco, pois tem fortes ligações com Teqak. Além do mais, este não é o país dele.

– Que tipo de fortes ligações?

– Pelo que apurei, quando foram atacados, na caravana do beduíno, lá no deserto, Teqak salvou-lhe a vida e depois, ao ser atendido pelo nosso destacamento militar aerotransportado, fez questão absoluta de que o socorro médico fosse estendido ao árabe. Chegou mesmo a dizer que se o beduíno não recebesse iguais cuidados médicos, imediatos, e que se não fosse também trazido com ele para nossos hospitais, preferia ficar lá no deserto mesmo. Não há dúvida, senhor, de que se isso acontecesse, morreriam ambos.

– Estou impressionado com tal demonstração de amizade!

– Teqak, que conheço bem, é assim mesmo, meu general: seus pacientes são tratados como se fossem seus familiares. Vendo como ele e o beduíno são solidários e amigos...

– Nesse caso, concordo com seu ponto de vista: leve ambos. Penso até que será proveitoso que o beduíno vá mesmo na companhia de vocês, pois não deixa de ser um ponto forte da investigação relativa ao comportamento do nosso capitão-médico.

Saindo do gabinete, Joubert voltou ao encontro de Teqak e Mueb:

– A meu pedido, vocês dois irão comigo para a África, ficando sob minha responsabilidade.

– Coronel, estou grato por sua confiança em mim e por reconduzir Mueb à sua gente. Algo me diz que o senhor não se arrependerá.

A seguir, fez uma reflexão pungente:

– Estou na capital da minha pátria, onde nasci e sempre vivi. De repente, sou considerado suspeito de traição, sem que nenhuma prova exista contra mim. Aliás, diferentemente de ser réu, na verdade, sou vítima de um, até agora desconhecido, processo, muito suspeito, pois fui seqüestrado e mantido cativo, longe daqui. Para quê? Por quem? No entanto, mais doloroso ainda é o fato de Claire ter desaparecido e até agora não sabermos qual seu paradeiro.

– Tudo isso, justamente, o alto comissariado quer descobrir. E descobrirá!

– Coronel! Ficaremos presos aqui, até embarcarmos?

– Aguarde-me um instante.

Saindo do alojamento dos dois, logo Joubert retornou:

– Respondendo à sua pergunta: até agora você e seu amigo eram considerados detidos. A meu pedido, passam para a condição de sob vigilância, podendo locomover-se com liberdade, desde que acompanhados de alguém de confiança.

– O senhor assumiu a custódia dessa vigilância?

Com um simples gesto Joubert confirmou. Não se contendo, Teqak quebrou o protocolo hierárquico militar e abraçou com gratidão e júbilo o seu comandante, perguntando:

— Solicito sua autorização para dar uma volta pela cidade. Quem me acompanhará?

— Quem mais poderia merecer minha maior confiança, senão Claudine? Não foi ela mesma que por seu intermédio deu o recado de que, por alguns dias e em determinadas situações, nós teríamos sua companhia? Pode ir dar seu passeio. Está autorizado!

Dois homens encarnados e um espírito de mulher choraram ali.

Quanto a Mueb, já vinha com lágrimas, também de alegria, desde que soubera do seu repatriamento.

Samir deixou-os. Estava emocionado e grato a Deus.

* * *

No deserto, um bondoso pastor de almas sofridas, retornou para junto delas e chegou com os olhos marejados. Seus pupilos, vendo-o num discreto pranto, mas com expressão feliz e irradiante, entenderam como alguém pode chorar de felicidade. De qualquer modo, contagiados pelo influxo do quanto cada vez mais gostavam daquele ancião, choraram também, sem saber o porquê.

Quanto pode o amor!

Samir percebeu que seus acompanhantes se mostravam sensibilizados. De fato, naquele momento, os rudes tuaregues do Além, em fase de redenção, não se equipavam de prevenções, de preocupações defensivas, de armas psicológicas quaisquer – enfim, estavam aptos a galgar mais um degrau na infinita escada da evolução moral.

Como todos os espíritos instrutores, Samir não deixou escapar o feliz instante de poder transferir mais conhecimentos para todos eles, quais se fossem alunos aprovados num hipotético vestibular de melhoria espiritual. Disse-lhes em tom brando:

– No deserto, onde a água é o dom mais precioso depois da vida, uma lágrima vale dez vezes a lágrima vertida ao abrigo do Sol. A lágrima do bom beduíno produz um som que viaja e vai acima das estrelas, rumo ao infinito, chegando como perfumadas flores aos pés de Deus. Perdidas na memória das nossas tradições, num tempo em que hoje estão os desertos, em alguns havia floresta verdejante, noutros havia mar, histórias contam que as tâmaras e as palmeiras vieram para perto das imensidões de areia, como bênção divina. Deus, ao permitir que os anjos as trouxessem e as espalhassem pelos desertos, fez com que junto das tamareiras e das palmeiras uma porção de areia se transformasse em água, para o bem de todos aqueles que por ali passassem.

Os espíritos, reunidos em volta de Samir, ouviam-no enlevados. E ele prosseguiu:

– Não há, no mundo todo, quem possa imaginar o quanto as frutas do deserto têm de vitalidade para o corpo e para a alma. E quem um dia, na rude peregrinação em companhia do Sol, de dia, e das Estrelas, à noite, sob intenso frio, encontrar um oásis, poderá ajuizar o valor dos presentes tão simples que Deus dá para todos os Seus filhos, onde quer que estejam.

Cortando um pouco o fio das suas reflexões, Samir brincou com seus atentos ouvintes:

Saara: Palco de Redenção

– Vamos falar dos camelos?

Os espíritos se entreolharam, não captando de pronto o desvio da exposição, mas logo começaram a rir, pois Samir mostrava-se sorridente também. E disse:

– Os camelos são diferentes de todos os outros animais da Terra. Embora no deserto existam outros bichos, só eles, os camelos, representam segurança integral para quem anda ou vive nele. Nós, que desde nossa infância estivemos sempre perto desses prodigiosos animais, pouco paramos para pensar neles. Sabemos que resistem às tempestades, não precisam beber água por dias e dias, são fortes, transportam pesadas cargas sem desfalecer e, às vezes, poucas vezes é verdade, servem de alimento para nós, quando peregrinamos no corpo físico. Tudo isso sabemos. Mas o que quero lhes dizer agora é que há nos camelos uma outra virtude oculta.

Samir fez proposital e prolongado silêncio.

Os ex-tuaregues, agora denominados Beduínos do Bem, aguardavam ansiosos a revelação da virtude oculta dos camelos. E Samir continuou:

– Pois é: em geral, cada animal, traz em si mesmo uma energia específica da sua espécie, energia essa a configurar o nível evolutivo em que se encontra.

– Nível evolutivo em animais? – atalhou Naghuz.

– Explico-me: nível evolutivo nos animais se expressa pela maior ou menor mansidão. Vocês já observaram como numa ninhada, por exemplo, há filhotes mais mansos que outros? Estamos cansados de ver como cada cavalo, cada camelo, cada cão, cada gato, têm reações próprias. Em muitos casos, conversam com seus donos, não é mesmo?

– Sim –, responderam todos, em coro.

— O que isto quer dizer?

Como ninguém nada dissesse, respondeu ele mesmo:

— Significa que cada ser vivo traz dentro de si um jeito de viver. E é aí que eu lhes digo que é com uma energia produzida por esse jeito de viver, que não é do mundo material, que o animal mais dócil pode ajudar o homem, sem que nem um nem outro saibam o que está acontecendo.

— Respeitável Samir — interrogou um espírito —, como pode acontecer isso, de uma coisa não ser do mundo material, porém beneficiar quem vive nele?

— Eu, vocês e todos os demais seres que viveram ou vivem no mundo material, um dia fizeram ou farão a viagem para um outro mundo — este, onde agora estamos. E a vida prossegue, como somos testemunhas, não é mesmo? E neste nosso mundo, nós, sem sermos vistos, vemos aqueles que um dia virão para aqui. Neste momento feliz estou convidando a vocês todos para nos unirmos e juntos continuarmos a trabalhar, pois Deus criou os homens para se unirem e, assim, progredirem, sendo felizes. E isso só pode resultar de trabalho conjunto.

— Senhor — atalhou Naghuz, impaciente —, o senhor mencionou uma "energia do outro mundo" nos animais.

— É a energia que nós podemos utilizar em benefício de tantos e tantos necessitados. Essa energia cura ferimentos, alimenta o corpo, vitaliza a alma e mais que tudo, traz esperança para o desesperado.

— Tudo isso, senhor?! Como?

— Vou lhes mostrar. Aliás, já é tempo de todos nós dizermos a Deus o quanto somos gratos pela oportunidade de trabalhar em benefício de quem precisa.

Assim dizendo, Samir conclamou:

Saara: Palco de Redenção

– Quem quiser me acompanhar só me dará alegrias. Quem não quiser, terá meu respeito e minha amizade. Ninguém se sinta obrigado a concordar com o que digo ou com o que faço. Mas, peço-lhes em nome do Filho de Deus, aquele que mais amou a Humanidade: ao menos experimentem me acompanhar em algumas jornadas de caridade. Depois... bem, depois, se não quiserem continuar, estarão, como aliás estão desde agora, absolutamente livres para escolher outro rumo.

Assim dizendo Samir afastou-se um pouco, deixando os homens confabulando entre si. Decorridos não mais que três minutos, Naghuz achegou-se a ele:

– Respeitável Samir: iremos todos com o senhor!

Lágrimas, novas lágrimas, até então escondidas, surgiram e rolaram pelo rosto do bondoso ancião, que elevou o olhar em prece. Nesse momento, toda a sua silhueta começou a se iluminar, a ponto de não mais ser possível distinguir-se o contorno humano, se assemelhando a um minúsculo Sol. Os espíritos prosternaram-se.

Por alguns instantes a luz alcançou nível quase insuportável ao olhar daqueles espíritos, mas aos poucos foi-se reduzindo, sempre em eclipse luminosa, até Samir reaparecer.

– Lembram-se – perguntou-lhes, paternalmente –, daqueles dois homens que foram atacados e levados para o distante hospital? Pois é: estarão voltando. E precisarão muito de nós.

Naghuz estava com uma dúvida guardada. Percebendo-o, Samir incentivou-o:

– Nosso irmão Naghuz parece que quer fazer uma pergunta.

– Todos nós gostaríamos de saber qual é a virtude oculta nos camelos que o senhor citou.

— Ah, é isso? De fato, são abençoados os camelos.

Assim dizendo Samir conduziu os Beduínos do Bem para uma cidade não muito perto dali, na qual havia três pessoas com ferimentos graves, provocados por arma de fogo, resultantes de briga de facções políticas locais.

Os feridos ardiam em febre e em alucinações.

Quando se aproximaram mais, um dos amigos de Naghuz soltou um grito:

— São meus filhos!

Samir acalmou-o, entrando em oração. Após, pediu a Naghuz e a um outro espírito que o acompanhassem e, juntos, os três foram até um abrigo de camelos. Quando chegaram, os dois Beduínos do Bem ficaram surpresos ao notar que alguns daqueles animais demonstraram pequena agitação, mas logo se acalmaram.

Samir explicou-lhes que os animais pressentem presenças espirituais e, em seguida passou as mãos em um belo camelo, como se quisesse fazer escorrer água do seu fino pêlo. Suas mãos, agora em concha, ficaram repletas de uma substância algo pastosa, saída de dentro do camelo, invisível ao olhar humano[24].

Os espíritos ficaram maravilhados ao ver que Samir, entrando em oração silenciosa, repassou luzes para aquela substância em suas mãos, a qual se tornou cristalina.

---

24 – Nas páginas 97-98 do 1º Volume do *Dicionário de Parapsicologia, Metapsíquica e Espiritismo*, de João T. Paula, *Banco Cultural Brasileiro Editora Ltda*, São Paulo/SP, encontramos a probabilidade científica de o ectoplasma ser constituído de três substâncias: ectozooplasma, ectofitoplasma e ectomineroplasma. E quanto à palavra *ectozooplasma*: *substância bioionizada de origem animal ou de tecidos animais existentes na Natureza*. (N.E.)

O caridoso espírito repartiu o ungüento cristalino com seus acompanhantes.

Retornando à casa dos feridos, Samir pediu aos espíritos que traziam nas mãos aquela substância que aplicassem nos ferimentos dos encarnados, mostrando como deveriam proceder.

A melhora deles foi imediata. Voltaram à temperatura normal, a dor cessou e acalmaram-se!

O espírito, pai dos feridos, chorava de alegria ao beijá-los ternamente. Agradecido, num ímpeto que não houve como Samir impedir, veio até ele, ajoelhou-se e beijou-lhe os pés.

Quando Samir voltou para o deserto, acompanhado dos pupilos, Naghuz narrou como conseguiram aquele maravilhoso remédio. Mais que nunca, passaram a admirar o guia.

Captando o clima de adoração que ia tomando conta deles Samir repreendeu-os:

– Filhos do coração: tudo louva a grandeza de Deus!

9

Perdão: pai da paz

Devidamente autorizado pelo coronel Joubert, Teqak deixou o aquartelamento para dar um passeio pela cidade. Mueb, ainda se recuperando, não quis sair.

Assim, quando Teqak se viu sem companhia e andando no centro da Cidade Luz, como é mundialmente conhecida a cidade onde nasceu, pôde bem avaliar, pela primeira vez na vida, o verdadeiro significado da palavra liberdade. Encheu os pulmões de ar, o incomparável e por quase todos pouco valorizado ar – da liberdade!

Tomou uma decisão súbita e irrefreável: tentar localizar Claire e exigir esclarecimentos.

Saara: Palco de Redenção

Foi direto à escola onde ela lecionava e o diretor disse-lhe que há quase dez dias ela solicitara afastamento, para cuidar dos pais. Dirigiu-se, então, à casa dos pais de Claire.

Seu coração pulsava com acelerada energia, pois pensamentos conturbados levavam-no ao inconformismo da dura realidade de tê-la perdido. Precisava saber se Claire tinha mesmo desaparecido ou apenas o tinha abandonado, envolvendo-se com René.

Na alma, o amor incendiava a saudade.

Na memória, as recordações dos felizes momentos de carinho e paixão abriam feridas de angústia, ante o sentimento de perda.

No corpo todo, um frêmito de genuíno e puro desejo, fruto do amor e da paixão acasalados, visitava-lhe uma por uma todas as células.

Foi nesse estado de espírito que chegou ao lar de Claire, onde morava com os pais.

Ao vê-lo, aquele que um dia viria a ser seu sogro, repudiou sua presença:

– Como é que você vem até nós, depois de levar nossa filha a outro país para lá se separar dela?! Francamente.

Teqak ia contestar, mas percebeu que naquele momento qualquer explicação sobre Claire não seria aceita. Até porque não tinha mesmo nenhuma sobre o desaparecimento dela.

Apresentando nítido temor, foram econômicos em explicações, pondo à mostra, que era melhor ele não voltar ali, e que para eles o noivado – infeliz passado – estava morto.

– Desde que vocês brigaram, ela não mandou mais nenhuma notícia. – Acrescentou a mãe de Claire, despedindo-se dele com aspereza. – Passe bem!

Os pais de Claire ocultaram que René os procurara, há dias, dando conta do que ela lhe dissera, lá no outro país. Não mais queria ver Teqak e por isso iria ficar alguns dias em um outro país, até o término do afastamento escolar.

Percebendo que o casal estava bem de saúde, Teqak tinha um pensamento fixo: encontrar a noiva e ouvir dela que não mais o amava, ou, triste dor, que jamais o amara.

Mas quem manobra as peças de xadrez no tabuleiro da vida?

Muitas vezes somos nós mesmos, pelo livre-arbítrio.

Contudo, há lances que obedecem a um invisível comando superior.

Arrasado, Teqak deixou aquele endereço e andou a esmo pelas margens do lendário rio, que se pudesse falar, talvez contasse coisas de um tempo em que a Terra ainda não hospedava nenhum homem.

Olhando a margem oposta, contemplava a inversão das imagens espelhadas nas águas. Veio-lhe à mente o pensamento de que também sua vida estava invertida.

Estava tão absorto que não viu uma jovem aproximar-se dele e permanecer por demorados instantes fitando-o, até tocar-lhe no ombro:

– Doutor Arnaud...

Voltou-se e surpreso olhou a bela jovem, que o conhecia, porém ele não a reconhecia.

– Conhecemo-nos?

– Sou a Simonne.

Conquanto estivesse com a alma recheada de preocupações, Teqak recebeu um forte impacto causado pela presença da jovem que se dirigia a ele com manifesta intimidade.

Saara: Palco de Redenção

Em menos de dez segundos fez uma avaliação masculina dela: bonita, dezoito ou vinte anos no máximo, irradiando saúde, simpatia e imanente sensualidade. Pensou: "Simonne: onde já ouvi esse nome?" Como a memória não o socorresse, foi franco:

— Perdoe-me, mas não me lembro de onde nos conhecemos.

— Numa situação muito ruim — brincou a jovem, cujos olhos, brilhantes, eram de irresistível fascínio.

Logo acrescentou:

— Ruim só para mim, pois parece que você nem se recorda, não é mesmo, doutor?

Teqak teve a impressão de que a moça estava brincando com ele, assim como uma garotinha ralha com sua boneca. Meio constrangido, buscou e rebuscou uma lembrança, um detalhe, que o ajudasse a recordar quem era ela, mas debalde.

— Você prometeu-me que se eu ficasse boazinha, deixando você me remendar, se casaria comigo, quando eu crescesse.

Na mesma hora o médico teve um lampejo na memória, que logo se apagou: captou que, aquela jovem, por certo, fora operada por ele, quando criança. "Mas, a todas as meninas que ele operara, prometia casamento. Assim, qual delas seria aquela à sua frente?"

— Então, doutor: vai cumprir sua promessa? Eu já cresci.

Nunca, em toda a sua existência, Teqak vivenciara embaraço como aquele. Ser pedido em casamento por uma mulher tão bonita, mesmo que nem sabia quem era, isso constituía um doce embaraço. Sem saber o que responder, corou sem perceber.

Simonne livrou-o de continuar no constrangimento, que era só dele:

— Não precisa responder agora. Aliás, nem sei se o doutor Arnaud já está casado...

A normalidade de raciocínio e das reflexões, em momentos de crise, quase sempre inesperados, é condição necessária para um bom exercício da medicina, fator esse que o tempo mais e mais acresce e consolida na prática médica.

Teqak reintegrou esse equilíbrio.

Olhou a jovem com o aguçado e intuitivo olhar de profissional que atende pessoas necessitadas de alguma coisa. Mentalmente diagnosticou:

"Ela não está doente, ao contrário, está saudável; conhece-me; atendi-a, anos atrás; qualquer que tenha sido o problema, não deixou seqüelas aparentes; mostra-se muito à vontade; não precisa de médico, está jogando charme. Muito bem: que o médico deixe o homem assumir o seu papel."

Com essa última conjectura, em ato reflexo, mudou sua postura. Entrou no jogo da moça e passou de caça a caçador:

— Não é todo o dia que uma mulher tão bonita me pede em casamento. Minha resposta é sim.

Simonne foi pega de surpresa e o brilho que viu nos olhos do doutor Arnaud contribuiu para que, agora, ela ficasse encabulada. Deu-se conta, de repente, que talvez tivesse ultrapassado os limites da boa educação, ingressando sem perceber no oscilante terreno da sedução, quase sempre de conseqüências imprevisíveis. Tentando penitenciar-se murmurou:

— Eu só estava brincando.

Teqak, percebendo que ele agora dava as cartas, incensou o contragolpe:
— Eu não!
Quem se ruborizou então foi a jovem. Já não conseguia disfarçar um repentino mal-estar.

Como um foguista que joga lenha na fogueira sob a caldeira já em ebulição, Teqak resolveu não conceder tréguas e para prolongar a encenação aproximou-se à distância de um palmo de Simonne. Um sentiu a respiração do outro. Colocou a mão nos ombros dela e encenando ser o mais sedutor possível, qual se fosse profissional do amor e não da medicina, disse em voz melosa:
— Seus olhos me fascinam, sua voz me encanta, seu rosto é obra rara de beleza e seus lábios gotejam mel.

Simonne sentiu-se instantaneamente envolvida numa autêntica onda de calor e agradável eletricidade, que lhe visitou uma por uma as células. O cérebro pouco pôde ajudá-la, pois comandado pela mente, que por sua vez é comandada pelo espírito, essa tríplice conjunção se desmantelou. De fato, com a alma parecendo uma minúscula caldeira, alimentada pelo fogo sagrado de um sentimento natural e espontâneo que irrompeu abrupto, despertando a libido, esta liberou os sublimes e naturais impulsos do desejo sexual.

Mas, são insondáveis os escaninhos do coração feminino.

Lágrimas escaldantes apareceram nos belos olhos de Simonne.

Teqak, com a face quase roçando na da jovem, de pronto percebeu que fora longe demais, desrespeitando a fronteira dos sentimentos, a que separa a responsabilidade da inconveniência, a sinceridade do falso galanteio. Também nele pequenas fagulhas sinalizavam que fortes impulsos estavam prestes a acender avassaladora fogueira hormonal.

Se não se afastasse, dentro de no máximo três segundos, não conseguiria mesmo impedir a si mesmo de cometer um tremendo desatino: beijar a moça. Beijá-la muitas vezes!

Quatro olhos, ali, eram quatro brasas deitando chispas.

Contudo, ao tocá-la, em sua mente, de todo inesperadas, surgiram cenas de um drama: Simonne vivenciava um angustioso problema.

Falaram mais alto a responsabilidade e o elevado padrão moral que emolduravam seu caráter. Afastou-se.

Olhando-se um ao outro, ambos não sabiam o que dizer.

– Acho que nós dois – disse ele, apagando o fogaréu preste a eclodir neles – fomos um pouco longe. Peço que me desculpe se a assustei.

– Sou a filha do enfermeiro Gustave. Você me operou quando eu era criança e me acidentei.

Com isso, a jovem colaborou para que a temperatura na alma do doutor Arnaud e na sua própria fosse retornando à normalidade.

– Oh, Simonne, como pude me esquecer?

Instalou-se constrangimento em ambos.

Quais dois desconhecidos, olharam-se por instantes que pareceram horas.

Teqak, recuperando de vez o autodomínio, amenizou o clima:

– Somos duas criaturas com problemas.

Simonne assustou-se. Entrincheirando-se em defesa psicológica nada disse.

– Mas encontraremos a solução – completou o médico.
– Qual o seu problema, doutor?
– Fui envolvido numa armadilha, mas se Deus quiser, logo sairei dela.
– Eu também, eu também.
– Como é que uma jovem tão bonita e inteligente pode ter caído numa armadilha?

A pergunta, feita com simplicidade e sem conotação de galanteio – embora o contivesse – chegou à alma da jovem como providencial chance de desabafo, qual oportuna vazão de uma represa prestes a transbordar, causando inundação. Sentindo segurança no interlocutor, a seu ver, sincero e confiável, a jovem saiu da trincheira:

– Você é médico e por isso posso lhe contar. Estou grávida.
– Ora viva!
– Eu também deveria estar feliz, mas...

Lágrimas represadas derramaram-se pelo rosto de Simonne, impedindo-a de falar.

Paternal, Teqak abraçou-a, encorajando-a:
– Um filho é sempre bênção de Deus!

Mas nesse segundo contato físico Teqak não conseguiu impedir o sobressalto que o alcançou ao ver mentalmente seu colega René em atitude ameaçadora contra Simonne.

Recuando e com o olhar duro, disse rilhando os dentes:
– Canalha!

Simonne assustou-se. Parou de chorar. Não sabia o que dizer, ante tão estranha reação do doutor Arnaud. Pensou, apavorada: "será que ele está se dirigindo a mim?" Mas logo concluiu: "não pode ser, não é comigo essa raiva que vejo nos olhos dele; mas a quem ele está xingando?"

Como se respondesse a todas as perguntas com uma única palavra, Teqak deixou escapar:

– O doutor René...

Com os olhos desmesuradamente arregalados Simonne inquiriu:

– Como é que você sabe?!

Respirando fundo, respondeu ela mesma:

– Ele contou para o senhor, não é doutor?

O súbito tratamento formal sinalizava que a sintonia fraternal desaparecera.

Voltando às defesas a jovem falou com calma:

– Agora percebo a causa do seu charme, doutor, e porque tentou me seduzir: para aproveitar-se, não é mesmo? Diga-me, por favor, por que só agora ele passou a ser canalha, se o senhor já sabia o que ele me fez?

Teqak, com grande desconforto, pensou: "novamente aquela faculdade me assalta, de improviso e em conseqüência estou sendo injustamente acusado de aproveitador".

O que mais o constrangia era a profunda decepção que Simonne estampava no sofrido semblante. Ocorreram-lhe vários pensamentos, todos aflitivos:

"É urgente clarear a situação; mas, de que maneira? Como dizer a ela que só há poucos instantes soube que a gravidez dela era fruto de uma ligação com René? E que ele, René, de alguma forma a ameaçara?"

Apenas para confirmar o que na verdade já era certeza, perguntou:

– Ele a ameaçou?

Saara: Palco de Redenção

Percebendo que o doutor Arnaud sabia mesmo de tudo, Simonne confirmou:
– Se ele lhe disse, por que me perguntar isso agora? Sim: ele me ameaçou. Exigiu que eu fizesse um aborto.
– Seu pai, ele já sabe?
– O senhor está louco, doutor? Papai mata René se eu contar!

Pela mente de Teqak passou um relâmpago oriundo das profundezas da alma humana: vingança! "Sim, se Gustave vier a saber disso", pensou, "nem sei o que fará e também se eu contar para o coronel, René poderá até ser expulso das forças armadas, por comportamento indigno de um oficial militar. Parece que René está se especializando em seduzir mulheres... Claire, Simonne..."

Nesse instante, antes que o terrível veneno da vingança destilasse mais uma gota sequer na alma de Teqak, Simonne retirou um lencinho da bolsa, olhou-o com ternura, entreabriu-o, enxugou as lágrimas e lamentou-se:
– Se ao menos mamãe estivesse aqui.

Quase sem refletir mostrou o lenço a Teqak e explicou:
– Foi ela quem me deu.

Num gesto reflexo, Teqak pegou com cuidado o lenço, úmido pelas doloridas lágrimas. Já sem grande surpresa, aconteceu outro daqueles insólitos lances lá dentro da cabeça, ao ouvir:

"Sou Candice, mãe de Simonne; por favor, diga-lhe que só o amor é superior ao perdão; que ela valorize a maternidade e afaste da alma o sentimento da vingança, pois a efêmera satisfação que ela proporciona é a ante-sala para dores quase sem fim, adubadas pelas lembranças, pelo remorso e pela inexorável necessidade de reparação, sempre repleta de dificuldades."

Calou fundo em Teqak a advertência para Simonne. Mas serviu principalmente para ele.

No mesmo instante lembrou-se das últimas palavras de Mazhiv: "até aqui no deserto crescem vigorosas plantações".

Ouviu ainda Candice acrescentar:

"Minha filha hoje lamenta um momento de fugidio prazer, mas nada será melhor para ela do que assumir a maternidade, qual importante contrato selado no cartório da vida, entre ela e o filho que está querendo nascer."

Emocionado, Teqak ainda escutou:

"Não se esqueça de dizer para Simonne, que Deus é o tabelião do cartório da vida, cujo livro-registro tem uma página individual para cada um de nós, na qual nossa consciência, qual infalível escrevente, anota tudo aquilo que fazemos."

Esse transe mediúnico de Teqak não demorou mais que vinte segundos. E ele disse:

– Não sei se você vai acreditar, mas sua mãe, lá do Além, mandou um recado para você.

Mesmo ante o olhar de incredulidade de Simonne, Teqak retransmitiu as encorajadoras palavras de Candice. A jovem foi cáustica:

– Desde quando um médico se presta a garoto de recados? E ainda mais apelando para coisas sagradas? Por que o senhor não confessa logo que seu colega o incumbiu de ajeitar as coisas, de forma a evitar complicações para ele?

Simonne, com grande aborrecimento e desconfiança inquiriu:

— Ele sugeriu um aborto e agora o senhor me sugere compromisso maternal. Pensam que mandam em mim?

Teqak ia responder com energia ao ataque verbal que lhe foi desferido, mas nesse instante ainda ouviu novamente Candice:

"Diga à minha filha que o sonho da noite passada foi um encontro que o amor de Deus permitiu; que ela confie nos desígnios da Vida, pois eles obedecem à vontade do Pai; o nascimento da criança que se uniu ao corpo e ao espírito dela irá demonstrar, no futuro, como Deus é bom."

Quase em semitranse, Teqak retransmitiu a Simonne o derradeiro conselho materno.

Simonne ficou arrepiada.

"Como ele sabe do meu sonho desta noite?", pensou.

Não conseguiu dizer uma palavra.

Mas uma decisão se robusteceu em sua alma:

"Jamais faria o aborto."

Teqak cumprimentou-a, respeitoso, afastando-se a seguir.

Sem determinar qualquer trajeto ou visita a quem quer que fosse, o médico andou a esmo por muito tempo. O coração gritava-lhe que Claire não o traíra, ainda mais agora, sabedor de que René era o responsável pelo drama de Simonne.

"Seria seu colega tão irresponsável a ponto de ter se envolvido de forma infeliz com duas jovens, simultaneamente?", pensava.

Perturbado, não sabia o que fazer, pois o que acabara de saber bem poderia desencadear terrível conflito no lar de Simonne.

"Deveria procurar Gustave, o pai, informando-o do que estava se passando? Mas que direito lhe assistia, de ser o mensageiro de tal notícia? Talvez fosse adequado procurar René e obrigá-lo a assumir a paternidade. Mas, ainda nesse caso, que autoridade tinha para assim proceder?"

Todas essas interrogações ficaram sem resposta.

Após caminhar bastante, decidiu pela melhor das alternativas que lhe acorreram à mente: "não fazer nada! Pelo menos, até que tivesse certeza de que o que fizesse poderia ajudar, e não, complicar. E mais que tudo: só agir se fosse expressamente solicitado a fazê-lo".

Voltou para o quartel. Encontrou Mueb solitário, num banco, no jardim, onde rosas ofertavam agradável aroma à manhã que já ia terminando.

Tão desligado estava o beduíno que só percebeu a chegada de Teqak quando ouviu:

– Com saudades, meu amigo?

– Sim, sim. Esta não é a minha Terra e aqui não está a minha gente.

Teqak sentou-se ao lado do amigo e comentou:

– Um lenhador humilde, certa vez, disse para o mundo todo que "onde houvesse liberdade, aí seria sua pátria".

– Se ele era lenhador, como o mundo todo o ouviu?

– Porque quando ele disse isso havia sido escolhido para dirigir a nação mais poderosa da Terra. Seu nome era Lincoln[25].

Mueb, vivamente impressionado, relembrou:

– Mazhiv dizia para toda a caravana que o filho de um carpinteiro também disse coisas e viveu de tal forma que, ao

---

25 – Abraham Lincoln (1809-1865), político norte-americano, que vindo de origem humilde (lenhador), formou-se em advocacia e por duas vezes foi eleito para a presidência dos EUA. (N.E.)

morrer, moço ainda, dividiu a história do mundo em "antes" e "depois" dele.
– E você sabe quem foi esse moço?
– Penso que sim. Aliás, Mazhiv dizia que ele foi um profeta, mas só se referia a ele chamando-o de Mestre dos mestres.
– Isso mesmo, o nome dele era Jesus. Mazhiv não dizia o nome talvez para que nenhum de vocês pensasse que ele estava desrespeitando o Profeta Maomé. Mas não havia necessidade de ocultar, pois o próprio Alcorão traz referências a Jesus, de forma muito bonita.
– Como você sabe disso?
– Estudei o Livro Sagrado dos muçulmanos porque meu pai, que não conheci, professava essa religião. Quis conhecê-la.
Mudando o rumo da conversa, Teqak perguntou:
– Diga-me, Mueb: você tem família?
A pergunta pegou o árabe desprevenido. Ele se agitou, e logo confirmou:
– Não sei quem foram meus pais. Fui criado por tios.
Teqak sentiu um forte aperto no peito. Deveria contar a Mueb que Mazhiv era seu pai?
"Não", refletiu, "ainda não chegou a hora".
– Você é casado? Tem filhos?
Nisso, um sargento os interrompeu. Ao ser atendido disse-lhes que o coronel Joubert os convocava para uma reunião urgente em seu gabinete de comando.
Quando entraram na sala de comando, o coronel fechou a porta. Olhando fixo para ambos, comunicou-lhes:
– Estamos de partida para a Terra de Mueb, onde alguns colegas nos aguardam, desde que vocês foram trazidos. Nosso avião decolará à meia-noite.

Mueb experimentou indizível alegria. Teqak, grande abalo, preocupado com o que o aguardava ao retornar àquele país onde sofrera tantos danos à sua vida profissional e amorosa: perda da noiva, seguida de seqüestro, cárcere privado, abandono em pleno deserto, encontro tumultuado com a caravana, ferimentos e pior de tudo: suspeita de traição ao seu país.

Joubert explicou, com poucas palavras, que a inopinada ordem viera do alto comando e que fortes motivos impunham urgência na solução do acordo militar para a construção da indústria de material bélico, com repasse de tecnologia na fabricação, que vinha apresentando dificuldades.

Quase certo de que ele e Mueb faziam parte das dificuldades, Teqak perguntou:

– Senhor, nossa viagem tem algo a ver comigo, ou melhor, com meu seqüestro?

– E comigo também? – atalhou Mueb.

O coronel olhou firme para ambos e após pensar bastante respondeu:

– Tem tudo a ver. Cedo ou tarde vocês terão de saber: mas adianto-lhes, confidencialmente, que naquela escaramuça entre a caravana do Mueb e os tuaregues, foi encontrada com um dos assaltantes, uma cópia do contrato da operação comercial entre nosso país e o dele. Além disso, havia o esboço de um ataque à comitiva das autoridades dos dois países que estaria presente, assistindo à demonstração prática das armas e munições, lá no deserto.

Fazendo triste pausa, quase murmurando, Joubert concluiu, olhando para Teqak:

– Você seria a peça-chave do plano deles.

– Eu?! Meu Deus?! Como é possível? Isso é um delírio.

– Não, Teqak, não é delírio: nossos militares que ficaram lá, puderam averiguar, por meio de interrogatório de alguns prisioneiros, que os agressores da caravana fariam com que você colocasse um potente explosivo no local das comitivas. Durante a demonstração provocariam a detonação. Todos morreriam. Algum grupo violento é contra o acordo.

– Mas, senhor, como me obrigariam a executar uma monstruosidade dessas? Jamais eu faria isso! Jamais!

Em seguida exclamou:

– O detonador! Então era para esse fim que me abandonaram no deserto apenas com um detonador?

Agora foi Mueb quem refletiu:

– Nesse caso, alguém apanharia o detonador. Isso quer dizer que havia um traidor entre os componentes da minha caravana.

– Não posso adiantar nada. Pelo simples fato que também não sei nada além do que lhes contei. Tenha sempre em conta, Teqak, que só estou confiando em você porque sei quem é. E em Mueb, por extensão, já que você o considera pessoa honesta.

Fez um pesado silêncio e concluiu:

– Claudine não me enganaria.

Teqak compreendeu. Mueb, não. Mas ambos captaram que Joubert confiava neles.

Como se tivessem feito um pacto, os três homens mergulharam num profundo silêncio.

No íntimo, entretanto, o entrechoque de seus pensamentos mais se assemelhava a vulcões paralelos, nos instantes finais que antecedem às respectivas erupções, simultâneas.

*
* *

Longe dali – exatamente para onde logo mais viajariam – um insólito grupo de espíritos desencarnados estava aguardando a chegada do Sol para fazerem a oração matinal.

Todos se mostravam calmos, conquanto soubessem que importante tarefa lhes estava reservada. Pois não fora isso que Samir lhes informara, na véspera? Que do Mais Alto chegara solicitação para que eles se preparassem para que a luz dissipasse as trevas?

Samir, que havia saído de perto do grupo, para dar um pequeno passeio pelo deserto, retornou e, juntando-se aos pupilos, disse-lhes com calma e em voz baixa:

– Assim como a tamareira alimenta o faminto; a água acalma o sedento; o Sol aquece e ilumina os caminhos do beduíno; as estrelas enfeitam as noites do mundo; os camelos ajudam o homem; a mãe dá vida ao filho – tudo isso sem o beneficiado ter que dar seu nome ou algo empenhar a esses benfeitores que Deus criou e colocou em sua vida e em seu caminho –, assim também é chegada a hora em que a gratidão deles deve ser exercida.

Os espíritos ouviam-no sempre com admiração e respeito. Já estavam se acostumando a decifrar as palavras de Samir, que sempre procurava ilustrar o que dizia com exemplos, de forma figurativa.

Não tardou e Samir prosseguiu:

– Já lhes havia anunciado que aquele doutor e o chefe daquela caravana que o socorreu estariam de volta para o deserto. Lembram-se? Pois é: estão chegando.

Os espíritos entreolharam-se, como que desentendendo o que é que eles tinham a ver com a volta daqueles dois.

Samir captou a muda interrogação e justificou:

– Para meu coração, esta será oportunidade sublime de reaproximação com pessoas que amo. Para vocês, ocasião de exercitarem a caridade, e mais que isso, exercitarem o perdão.

Clareando o máximo possível o que acabara de dizer, Samir concluiu:

– Vocês vão estar frente a frente com seus carrascos.

Como de pronto um mal-estar se apossou dos ex-tuaregues do Além, o bondoso espírito os acalmou:

– Só pelo perdão o homem tira de suas costas o fardo que cada vez mais aumenta de peso, fazendo-o sofrer, quase sempre após se alegrar em ver o inimigo passar pelos mesmos tormentos que lhe tenha infligido. Sim, meus filhos, talvez a maior de todas as loucuras da alma seja a vingança: ela transparece justiça no planejamento e dá breve paz ao vingador que a executa. Mas não é menos verdade que a imortal árvore do bem, que Deus coloca na alma humana e despeja diversos tipos de sementes, que sem parar levam à felicidade, com exceção de uma, que faz nascer um espinheiro.

– Venerável Samir, como é que essa árvore do bem, colocada na alma por Deus, pode dar uma semente que faz nascer um espinheiro? Deus faria uma coisa dessa?!

– É que essa semente, a única diferente, chama-se arrependimento.

Todos entenderam. Um deles completou o raciocínio:

– Então, as outras sementes seriam as da caridade, da humildade, do perdão...

– Exatamente. Todas têm o perfume do amor. Se a alma as deixar germinar, nascerão frutos, e isso é felicidade.

Se não, vem a semente do arrependimento, gerando culpa, na forma de espinheiro, que só desaparecerá quando a reconstrução se processar, quando o mal for corrigido. E isso sempre causa problemas, causa dores àquele que não ouviu a consciência e não adubou aquela semente. Os espinhos que ferem a alma são os minutos de remorso, adubados pela culpa.

Interrompendo por instantes suas palavras, Samir explanou:

— Toda má ação se converte em crime, ante a Lei Divina do Amor. E todos os criminosos, sejam os que se ufanam do secreto, sejam os que maldizem o cárcere, quando a justiça humana os alcança, cedo ou tarde, se algemarão ao arrependimento. Aí, uns e outros verificarão que os alicerces das suas enganosas construções se converteram em areia movediça. Angustiados, implorarão aos Céus por uma nova chance. É quando Jesus e seus prepostos os socorrem, fazendo com que o Sol da caridade lhes seque a areia. Com ela e com o cimento de ações no bem, terão o concreto com o qual reerguerão suas vidas, edificando a felicidade, pelo amor ao próximo.

10

Idas e voltas pelo túnel

Olhando para todos aqueles espíritos que lutavam com forças íntimas, cultivadas na alma, tendentes à vingança, Samir sugeriu-lhes:

– O Sol já vai nascendo. Vamos orar, embora qualquer hora seja tempo de oração. Mas se quisermos que nossas preces cheguem ao Criador temos de colocá-las na bandeja do merecimento, onde não há lugar para o ódio. Nunca devemos nos esquecer de que se o perdão perfuma a alma, o ódio é o mau cheiro que exala da vingança.

Como os espíritos ficassem em silêncio, meditando, Samir disse ainda:

— Vou lhes ensinar como é que os profetas conseguem perdoar, com sinceridade e até compaixão. Em todos os agressores vêem criaturas doentes – muito doentes. Todo aquele que ataca adoeceu e precisa do remédio que, de início, faz cessar a agressão. Então, preparam-lhe a alma para brotar a famosa sementinha do arrependimento, que faz nascer os doloridos espinhos da culpa. Em suma, todo agressor está doente. Precisa de médico. Quanto mais cedo for atendido, mais rápido se livrará dos tormentos do espinheiro.

Samir e os Beduínos do Bem fizeram suas orações quando o Sol chegou esparramando vida – luz e calor. Após, pedindo àqueles rudes espíritos que fizessem um círculo, posicionou-se no centro, cruzou as pernas e sentou-se lentamente sobre elas. Os espíritos imitaram-no. Disse-lhes:

— Quando o Criador fez o mundo e nele colocou suas criaturas, reservou espaços adequados a cada tipo de vida. Vou contar-lhes, meus filhos, como há vida fora do deserto:

"Nos mares, para cada grão de areia dos desertos, há mil gotas de água; neles vivem milhares e milhares de peixes e outras espécies de animais aquáticos. Nas profundezas, aonde o sol não vai, vivem criaturas que possuem mecanismos inimagináveis de sobrevivência. Junto de muitas praias, onde as águas quase sempre são rasas, famílias de pescadores vivem isoladas, ajudando-se mutuamente.

Nas florestas, onde para cada folha de árvore há mil grãos de areia nos desertos, grandes e pequenos animais, às vezes isolados, mas quase sempre em bandos, formam suas famílias; desenvolvem todos eles preciosos meios de sobrevivência diante dos inumeráveis perigos e, por vezes, falta de água e alimento; a todos a natureza provê.

Saara: Palco de Redenção

No mesmo continente deste nosso querido deserto existem grandes florestas e também existem povos que vivem na mais absoluta miséria, sofrendo muito, chorando muitas perdas prematuras de seus filhinhos e de familiares, por fome ou doenças.

No topo e na base do mundo, onde a água virou pedra, chamada gelo, desde que o mundo foi formado, o dia é longo e a noite também; ali, nas vastidões permanentemente geladas, existe vida pujante, de animais equipados com agasalho natural, na forma de espessa camada de gordura, sob a pele ou o couro; lá também são encontradas criaturas humanas, nativas, talvez no maior exílio da vida humana, muito maior que o dos beduínos.

Nas planícies e nos planaltos, nos aglomerados de montanhas e nos vales, sempre com rios por perto, é que a grande maioria da Humanidade elegeu para moradia, agrupando-se para viver em paz, para ser feliz; se no início o homem vivia nas cavernas, logo utilizou a inteligência e as mãos e saiu de lá, construindo abrigos cada vez mais seguros e confortáveis. Se ele aproveita a existência ali para o bem, volve muitas vezes para esses lugares, sempre em melhores condições – falo-lhes das vidas múltiplas –, mas, se as desrespeita, aí não há alternativa, terá de se reeducar, indo renascer afastado dali."

Nesse ponto Samir fez pausa.

Os Beduínos do Bem, em silêncio, refletiam sobre o que tinham ouvido.

Valendo-se do momento propício, Samir resolveu orientar seus pupilos:

– Quando Deus cria o homem dá-lhe, em caráter permanente, três ferramentas: consciência, livre-arbítrio e inteligência.

Para que melhor compreendessem, detalhou:

– A consciência, a mais valiosa de todas, tem um escudeiro fiel, o arrependimento. O livre-arbítrio tem também uma auxiliar infalível, a responsabilidade. Quanto à inteligência, pergunto-lhes: Quem pode me dizer qual é o seu escudeiro fiel?

Entreolhando-se, pensativos, logo todos os olhares se dirigiram para Naghuz, que dessa forma aflorava como líder deles, eleito por unanimidade. Algo inibido, o grandalhão juntou as mãos, pensou e pensou. Não encontrando a resposta, tentou justificar-se:

– Nós, que vivemos no deserto, pouco usamos ferramentas.

– Pois você acabou de utilizá-la!

– ?!

– Meus amigos, o que diferencia o homem de todos os demais seres vivos é a inteligência, não é mesmo? Equipado dela o homem saiu das cavernas e desde essa época vem progredindo sem cessar, empregando-a em todo e qualquer planejamento, para toda e qualquer ação ou atividade. Agora: como o homem só conseguiu sobreviver e progredir agrupando-se a outros homens, como é que conseguiu e consegue unir suas inteligências?

Como não encontrassem um ponto de apoio para iniciar reflexões, Samir falou:

– Imaginem se eu não pudesse me comunicar com nenhum de vocês; que nunca abrissem a boca para dizer o que sentem, pensam ou querem.

Os Beduínos do Bem refletiram pouco tempo, em absoluto silêncio.

De repente, um deles deu um salto e exclamou:
– A palavra!
Num gesto de aprovação e aplauso, Samir ratificou:
– Eis aí, a escudeira fiel da inteligência: a voz, a linguagem, a palavra articulada, falada ou escrita!
Com o grupo todo se sentindo vitorioso, Samir explanou ainda:
– Quando alguns homens desviam-se do caminho do dever, quase sempre fazendo mal aos semelhantes, a si mesmos e à natureza, Deus lhes concede a bênção de estágios retificadores, em condições adequadas a um bom aprendizado. Agora, gostaria que alguém me respondesse: Para onde são mandados esses que desrespeitam a lei do amor? Lembrem-se do que lhes disse sobre os espaços da vida, existentes no mundo e me respondam.
– Para o topo e para a base do mundo –, disse um dos Beduínos do Bem.
– Para o meio das florestas –, refletiu outro.
– Para os países muito pobres –, mais um opinou.
– Para os desertos! – Naghuz falou, consolidando o raciocínio dos companheiros.
– Sim, meus filhos – concordou Samir, com alegria. – Nesses lugares todos há falta de quase tudo, impera o desconforto, a partir de climas hostis. Mas nenhuma escola do mundo poderia, melhor que nesses lugares repletos de dificuldades, privações e provações, lecionar a sagrada lição da vida em harmonia, todos ajudando uns aos outros e respeitando a natureza.
Os espíritos, recordando-se de sua última existência, abaixaram a cabeça, envergonhados. Compenetraram-se de

que a rudeza do deserto lhes fora bênção divina, para reencontrarem a si mesmos, em convívio com outros seres experimentando as mesmas dificuldades.

Samir ergueu-lhes o moral:

— Se vocês entenderam bem o que eu lhes disse, devem guardar na lembrança que Deus é magnânimo e clemente, sempre nos ofertando novas oportunidades, sejam de restauração, sejam de novos aprendizados.

Exemplificando humildade, com nítida sinceridade acrescentou:

— Em nosso caso, estamos com a chance de grande progresso, pois conhecendo bem a vida do deserto, aqui é o nosso ponto de auto-reencontro. Em breve, estaremos sendo testados quanto ao aproveitamento e merecimento, ante a oportunidade que Deus nos confiou. Se a tempestade de areia pode cegar o beduíno descuidado, a tempestade da vingança é muito pior, pois apaga a inteligência e deixa o ódio comandar a alma. Nesse caso, sendo da lei que o homem sempre colherá o que semeou, aquele que espalhar a dor terá de conviver com ela mais adiante no seu caminho.

Os Beduínos do Bem ouviam Samir com enlevo. Ante a previsão de tempestades próximas, na simplicidade deles, isso lhes causou preocupação crescente, quase medo.

Percebendo tal disposição, Samir buscou tranqüilizá-los:

— O deserto não perturba o beduíno que trata bem do seu camelo e que mantém em bom estado a sua tenda. Nós, que agora estamos nesta outra dimensão da vida, não temos a temer a tempestade de areia, nem os salteadores tuaregues, nós que um dia agimos como eles. Aqui, tudo o que pensarmos se transformará em ação e assim, só maus pensamentos

Saara: Palco de Redenção

poderão nos fazer mal, tanto quanto os bons nos protegerão contra as dificuldades que plantamos lá atrás e que agora vão surgir em nosso caminho, exigindo colheita.

Naghuz aproveitou pausa natural e perguntou:

– Samir, sentimos que estamos sendo preparados para tarefa futura e gostaríamos de saber do que se trata, quando acontecerá e qual será nossa missão?

O benfeitor olhou a todos com brandura e estampando harmonia disse-lhes, com júbilo:

– O deserto é palco de tantos acontecimentos que nenhum homem jamais terá condições de quantificá-los. No plano mais denso, isto é, quando nossa vida é regulada pelas necessidades do corpo físico, são poucos os transeuntes na vastidão de areia e dunas, onde os raros oásis foram localizados. Assim, a vida do homem que o Criador situou no deserto é uma existência de afastamento da civilização, das grandes massas humanas, do convívio diário com familiares. Na caravana, as mentes fervem de lembranças e as horas são as conselheiras a relembrar que das conquistas humanas, a paz é a maior de todas!

Suspirando fundo, como ao relembrar o passado, retomou:

– Muitos daqueles que passam a vida no deserto, são os que, em vidas passadas, menosprezaram a bênção da convivência com semelhantes, já a partir dos familiares. Quando partem para o Além, por bondade, Deus lhes dá um novo corpo físico e os coloca em ambiente assim isolado para que aprendam a valorizar, ao menos, uma companhia.

Dando tempo para seus tutelados raciocinarem, Samir inquiriu-lhes:

— Não lhes disse que sempre há alguém vivendo no gelo, nas praias afastadas, lá para dentro das florestas e nos desertos? Pois é de se perguntar: Se Deus é quem dá a vida a todas as criaturas, por que algumas nascem em ambientes tão isolados e tão ingratos e outras no conforto dos grandes centros? Não é Ele o Pai de amor e justiça?

Respondeu ele mesmo:

— Claro que Deus é a justiça suprema e a bondade infinita! O homem é que não ouve a consciência e por isso se afasta da trilha do progresso espiritual, buscando os atalhos das tentações do mundo. São equivocados esses atalhos porque vão desembocar justamente nesses ermos, onde a solidão, se me permitem o contra-senso, é-lhes a única companheira.

Fez pausa e alertou:

— Como vocês podem ver, se são poucos os que têm o deserto como palco da existência física, dá-se o contrário quando mudamos de plano, vindo para este onde agora nos encontramos. Aqui existem mais de cem para cada um do outro lado.

Samir ergueu-se e após percorrer todo o círculo voltou ao centro:

— Nós, deste lado da vida, compreendendo como a vida é pujante, muito mais depois daquilo que os homens chamam de morte, precisamos achar dentro de nós mesmos o grande motivo para o qual Deus nos criou. Qual seria esse motivo?

Mostrando-se cada vez mais à vontade com seu instrutor, os espíritos arriscaram cada um uma resposta:

— Para formar família.
— Para aprender.
— Para uns ajudarem os outros.

– Para adorá-Lo.

– Para amar.

Quando cessaram as opiniões, Samir consolidou-as:

– Tudo isso é certo, entendendo que a melhor maneira de adorar a Deus é amá-Lo, amando ao próximo. Todo aquele que agir assim como vocês disseram, terá encontrado o caminho da felicidade, pois esse é o grande destino de todos os filhos de Deus: serem felizes!

Franzindo ligeiramente a testa completou:

– Nós, que por vezes nos perdemos nos caminhos que levam à felicidade, magoando ou sendo magoados por muitos daqueles que Deus colocou à nossa volta; que de vez em quando agredimos ou somos agredidos; que nos tornamos ora réus, ora vítimas; que causamos risos ou lágrimas – nós, eternos caminhantes em busca da evolução espiritual – precisamos, em primeiro lugar, aprender a perdoar. E essa é talvez a lição mais difícil do viver. Essa é a grande batalha a ser vencida. E o campo dessa batalha está dentro de nós, na alma!

Agora com manifesta alegria informou:

– Já que mencionei uma batalha, vamos nos lembrar que nenhum guerreiro vai ao combate sem antes se equipar.

Os Beduínos do Bem olharam-se mutuamente, pois perceberam alegria em Samir e isso os confundiu. Era a primeira vez que captaram nele uma velada promessa de coisa boa. Não que Samir não lhes tivesse dado só coisas boas. É que seu semblante, sempre sereno e pacificador, espelhava agora um maroto sorriso. Ademais, como é que ele, um verdadeiro anjo da paz, poderia estar falando de combate, de equipamento – armas, certamente –, com satisfação?

O protetor justificou:

– Como o combate é com nós mesmos, temos de estar ao menos com a melhor de todas as armas, que é a fé em Deus e no Seu infinito amor. Assim, meus filhos, por graça do Pai, cada um de vocês receberá, logo mais à noite, a visita de alguns daqueles que amam.

Os Beduínos do Bem exclamaram a uma só voz:

– Louvado seja Alá, o Clemente, o Misericordioso!

– Sim, sim, Deus é bom e deu-nos mais essa bênção para reforçar-nos a disposição de perdoar e ajudar os que precisam da nossa caridade.

O resto do dia transcorreu tranqüilo para os Beduínos do Bem, embora estivessem ansiosos pela chegada da noite, pois Samir lhes explicara que somente quando adormecidos, os seres amados, ainda no plano material, teriam condições de serem trazidos para visitá-los.

Esclareceu que o corpo físico é que dorme, ocasião em que a alma pode viajar, indo ou sendo levada por outras almas a locais do seu interesse ou ao encontro de amigos ou de inimigos.

Quando o Sol se despediu, levando com ele gradativamente a luz e o calor, as estrelas, de início uma a uma e em pouco tempo, dezenas, centenas, foram surgindo, sendo acolhidas no berço do Céu, como se a noite lhes fosse mãe prestimosa que as situava no exato lugar em que incontáveis gerações da Humanidade vêm se deslumbrando ao contemplá-las. Com o aditivo sublime de eternamente se prestarem como guias incomparáveis.

Passadas poucas horas, Samir convidou o grupo à oração e como todos de bom grado aquiesceram, pronunciou com humildade:

Saara: Palco de Redenção

— Senhor Jesus, Profeta do bem, filho de Deus, irmão nosso: se for da permissão e Vontade do Pai, auxilia e orienta, Mestre querido, os seres amados que se unem aos corações destes teus pequeninos irmãos, a se aproximarem de nós, para que o bálsamo da presença deles suavize a saudade que teima em nos machucar os corações.

A figura de Samir parecia ter luzes internas a extravasar por toda a silhueta.

Com a imensidão do deserto em profundo silêncio, tudo agora em baixíssima temperatura, ocorreu transcendental fenômeno: no espaço em que se agrupavam Samir e os espíritos, lutando pela renovação íntima, pairou sobre eles de início pequena claridade, que logo foi aumentando, até quase parecer meio-dia.

Em meio à luminosidade, brumas surgiam do nada, descendo e transformando-se em pequenas nuvens luminosas. À medida que se desfaziam, vultos de pessoas iam se delineando, até completarem aquela estranha, mas inesquecível e abençoada metamorfose.

Lentamente, tanto os Beduínos do Bem quanto os espíritos encarnados ali presentes foram invadidos por imensa alegria ao se reconhecerem.

Cada um dos Beduínos do Bem, em êxtase, via: um, a esposa; o outro, os pais; outros, os irmãos, e quase todos, seus filhos!

Pensaram, perplexos, que seus entes queridos eram escoltados, cada um, por dois anjos de luz, pois traziam um ponto brilhante na fronte, além de minúsculos raios de luz que saíam de suas túnicas em tom azul-claro. Compreenderam, sem necessidade de explicações, que foram eles que trouxeram os que amavam, aos quais julgavam que jamais veriam.

Essa era a angústia deles até conhecerem Samir: julgavam-se prisioneiros eternos no túnel da morte. A visita dos entes amados, vindos pelo túnel da vida mostrou-lhes que a morte e os dois túneis não existem: há apenas uma imaginária distância separando uns e outros, distância essa que desaparece quando as almas estão unidas pelo amor.

Abraçaram-se demoradamente, em eflúvios de amor.

Muitos – quase todos – não conseguiam falar, pois a felicidade daquele reencontro lhes roubara a fala, desnecessária naquele momento.

Aos poucos foram reequilibrando a mente e deixando a razão administrar a sublime bênção que os alcançara.

Como as perguntas, de lado a lado, eram multiplicadas, sem que respostas adequadas fossem encontradas, Samir pediu um instante de atenção e disse para os festivos ouvintes:

– Irmãos queridos, filhos do meu coração: em primeiro lugar agradeçamos a Deus – o mesmo Pai de amor que por vezes chamamos de Alá –, pelo presente que nos é dado aqui e agora. Não teria sido para simples cumprimentos fraternais que obtivemos a graça desta reunião, mas certamente para que a fé na vida eterna se consolide em nossa mente.

Fez pequena pausa e adjuntou:

– Como todos podem comprovar, a vida é uma, imortal e o amor é o elo indestrutível que nos une para a eternidade. Trabalhando, uns pelo bem dos outros, seremos todos felizes, porque assim agindo, se a alguém ajudamos, em contrapartida muitos estarão trabalhando por nós. Vocês são testemunhas do que digo: esse encontro não seria possível sem o amor recíproco, entre visitantes e visitados. Se agradecemos a Deus, devemos também mostrar nosso reconhecimento aos

Saara: Palco de Redenção

abençoados mensageiros celestiais que proporcionaram a vocês a alegria que mora no coração deles.

Todos foram até os espíritos amigos que trouxeram os encarnados, então desdobrados pelo sono, e beijaram-lhes as mãos, num expressivo gesto de gratidão. Samir prosseguiu:

– O corpo humano é bênção deslembrada por muitos e perdê-lo não é morrer, mas sim, beneficiarmo-nos da pausa para inventariarmos o que acabamos de fazer e o que deveríamos ter feito e não fizemos. O balanço das nossas ações a cada existência terrena é sempre o indicador do que Deus espera de nós, quando voltar a nos emprestar outro corpo físico.

Dando tempo para que todos assimilassem suas palavras, Samir retomou:

– Com o pensamento no Mestre Jesus, estejamos todos preparados para mais um acréscimo da misericórdia divina.

Espaçoso silêncio dominou aquele ambiente de paz e felicidade.

Aos poucos, novas pequeninas nuvens luminosas foram descendo das alturas e se aproximando. Eram parentes, há muito desencarnados, que também foram trazidos!

Ao se abraçarem, glorificando o momento de felicidade plena com que o amor lhes contemplava, nenhum deles conseguiu impedir que lágrimas se constituíssem em inigualável brinde, uma vez mais dispensando palavras quaisquer.

Imersos num oásis de alegrias infinitas, bendizendo os Céus por tanta bondade, tanto os Beduínos do Bem, quanto os seus visitantes, foram informados por Samir que a escolha individual que trouxera cada um deles era, nada mais, nada menos, constituída de beduínos também – alguns encarnados e outros desencarnados –, em tarefas socorristas naquela parte do deserto.

Deixando todos absolutamente em deslumbramento, os socorristas se dirigiram até Samir e um a um, o beijaram na fronte, por sua vez sendo beijados na face.

Desnecessária a explicação de que Samir era-lhes amado guia, chefe e mestre.

Já ia a madrugada em meio quando Samir interrompeu o agora quase ruidoso diálogo de todos falando com todos:

– Amados meus, as estrelas caminham e sem demora o Sol retornará e essa não é uma volta que se repete para a rotina, mas para a continuidade da vida, com renovação. Nossos corações estão agora fortalecidos no amor do Pai, assim, sejamos filhos gratos e vamos, cada um de nós, eleger uma estrela como amiga e companheira de sempre. Olhem para o céu, identifiquem aquela que mais aquece seu coração e pelo pensamento lhe enderece uma mensagem de paz, pelo mundo todo. Deus receberá nossas intenções, não tenham dúvidas, pois as estrelas são mensageiras e amigas fiéis.

A seguir, em atitude de contemplação, orou:

– Obrigado, oh!, Criador Incriado, por nos conceder a vida e a companhia de Jesus, que nos ensinou a amá-Lo.

A seguir, disse a todos:

– Retornemos às nossas obrigações.

O grupo se desfez em três subgrupos: os espíritos dos encarnados foram reconduzidos às respectivas moradias físicas, seus corpos; os espíritos dos parentes desencarnados, igualmente sob orientação, retornaram às suas moradias espirituais, várias colônias; Samir e os Beduínos do Bem se dirigiram para o aeroporto, na capital.

11

Verdade: irmã gêmea do Sol

A grande altura, no vôo em direção ao país cliente do material bélico, e pátria do seu pai – desconhecido pai –, Teqak olhava a imensidão do Mediterrâneo, cujas águas azuis mais pareciam um manto que houvesse descido do Céu e coberto a Terra.

Seus pensamentos fervilhavam desde que o coronel Joubert lhe dissera que ele seria o elemento que detonaria alta carga de explosivos, para matar as duas comitivas de representantes do acordo comercial entre os dois países.

Dentre tantas inquietantes interrogações, uma crescia em seu cérebro: "como eles o obrigariam a realizar tal infâmia, tornando-se um traidor e, mais que isso, um assassino?"

Por mais que buscasse a resposta, não a encontrava.

Foi o coronel Joubert que lhe deu a solução para tão ingrato problema. Retornando da cabine dos pilotos, aonde há pouco fora chamado, trazia na mão uma folha de papel e na expressão o horror pelo seu conteúdo. Olhou Teqak demoradamente e depois Mueb. Por fim, começou a falar baixinho, como se temesse que alguém mais estivesse ouvindo:

– Estou assombrado! Quando o piloto me chamou, pensei que se tratasse de algum assunto de rotina, mas não: entregou-me um envelope lacrado, com timbre do Estado-Maior, com o carimbo ultrasecreto, e dirigido a mim. Antes de abri-lo, ali mesmo, o piloto, quase em pedido de desculpas, disse que recebera ordens expressas do seu comandante para só entregar-me tal correspondência quando já estivéssemos nas proximidades do nosso destino.

Teqak, por contingência intuitiva, captou que de alguma forma o que estava na carta dizia respeito a ele e, quase certo, respondia às suas angustiosas interrogações.

Demonstrando a integral confiança que creditava a Teqak, o coronel Joubert deu-lhe a folha de papel para ler.

Foi com mãos vacilantes que Teqak pegou o papel.

No mesmo instante do toque da mão com a carta, sentiu como se um raio não-letal o atingisse bem dentro da cabeça, causando calor e frio, tão paradoxais quanto intensos, simultaneamente. Antes que seus olhos pousassem no que estava escrito, num fulgor incontido, quase gritou ao pronunciar uma única palavra: "Claire!".

Só então leu. E, ao acabar a leitura, em poucos instantes, porque a mensagem era curta, olhou significativamente para o coronel e depois para Mueb. Joubert compreendeu e apenas com um gesto lento autorizou Teqak a repassar a carta para Mueb lê-la também.

Agora foi Mueb quem se espantou.

Os três ora se olhavam reciprocamente, ora dirigiam o olhar para fora do avião, vendo o mar lá embaixo e o céu lá em cima. Abaixo, a grande manta azul agora apresentava franjas brancas, pelas espumas das ondas contra os rochedos e pelas praias.

A carta, ou melhor, o bilhete, lacônico, retransmitia uma mensagem anônima, enviada pelo correio à fábrica do material bélico a ser negociado, exigindo que cancelasse a oferta, pois do contrário a noiva do médico Arnaud Teqak, prisioneira no deserto, seria a primeira a morrer, antes das duas comitivas de ambos os países, as quais tratavam de realizar o acordo comercial.

O carimbo do correio demonstrava que a carta fora postada no país-cliente e que fora enviada no dia em que Claire fora seqüestrada.

Em anotação anexa ao bilhete anônimo, o chefe do Estado-Maior determinava ao coronel Joubert que redobrasse os cuidados e que só se hospedasse onde houvesse escolta, a mesma que deveria acompanhá-lo por vinte e quatro horas, durante o tempo que permanecesse no país comprador.

Houve longo e pesado silêncio entre os três passageiros, capaz de em suas mentes anular até mesmo o ruído das turbinas. Foi Teqak quem primeiro falou:

– Como é possível Claire estar refém lá no deserto, se me abandonou e está grávida?

– Meu Deus! – exclamou Joubert: – ela está grávida e o abandonou?

— Não sou eu o responsável pela gravidez dela.

— Então, se você não é o pai, quem é?! Ao que eu saiba, vocês iam se casar...

Teqak relutou um pouco, mas logo resolveu que sobre Claire, nas atuais circunstâncias, não deveria de forma alguma esconder qualquer coisa que soubesse.

Com constrangimento, por ter de delatar um colega de farda, capitulou e disse, certo de que a vida de sua noiva corria sério perigo e que ele, de alguma forma, tinha responsabilidade e participação no seu desaparecimento:

— René jogou na minha cara, de forma cruel, que Claire me abandonou para se envolver com ele.

— Quando ele disse isso?

— Logo após eu ser internado, quando fui feito prisioneiro.

— Mas isso não é possível, ele está noivo de Simonne, a filha de Gustave!

— Diante desse fato novo, começo a confirmar minhas suspeitas de que ele estava mentindo. E nesse caso, fez isso para me torturar. Devo dizer ao senhor que fui dar um passeio e incidentalmente me encontrei com Simonne. Conversamos e ela sim, está grávida, sendo René o responsável.

— Marginal! Ajustarei contas com ele!

— Como comandante dele, o senhor tem redobrada razão para exigir dele comportamento de cavalheiro. Com referência à tortura emocional que me infligiu, imagino que mais cedo do que pensamos obteremos respostas.

Aí, em Teqak brilhou a chama da paz e ele, por nobreza de caráter, atenuou:

— Quanto ao envolvimento de René com Simonne, ela me disse que ele já assumiu a responsabilidade, querendo se casar com ela. Aguarda uma oportunidade para conversar com a família dela.

– Menos mal, menos mal.

– Voltando a Claire: fui procurá-la na escola em que lecionava e o diretor me informou que ela lhe dissera, confidencialmente, que seu pai estava gravemente doente, pedindo afastamento para atendê-lo, já que sua mãe também não tinha boa saúde. Em seguida, fui à casa dela e qual não foi minha surpresa em verificar que os pais estão bem e que ela não tem dado notícias desde que partiu.

Pensou um pouco e concluiu:

– Gostaria de saber por que René inventou essa história da gravidez de Claire. Não me parece que tenha sido apenas para me provocar. Ademais, por que tentaria matar Mueb?

Assim que a aeronave aterrisou, num aeroporto militar, forte escolta aguardava a pequena comitiva do coronel Joubert. Foram recepcionados também por uma comissão formada de três pessoas, que logo os encaminhou para uma dependência administrativa.

Poucas, pouquíssimas palavras falaram ambas as comitivas.

Após se instalarem onde ficariam hospedados, Joubert e os auxiliares foram informados de que não deveriam sair dali, nem circular com liberdade pela cidade, pois um telefonema da equipe precursora sugeriu que não deixassem a base militar, no aeroporto, em hipótese alguma.

Joubert, na mesma hora, telefonou para o general mais graduado que também chegara àquele país horas antes dele e estava alojado com os demais membros da equipe precursora, que tinham permanecido ali:

— Senhor, acabamos de chegar e gostaríamos de receber mais informes sobre aquela carta.

— Caro Joubert, por hoje vamos descansar da viagem. Amanhã haverá importante reunião prévia, aí mesmo onde você está. Estaremos ouvindo nossos clientes, que têm várias dúvidas a serem esclarecidas.

— Essas dúvidas dizem respeito a...

— Sim! Sobre aquele acontecimento, aquela refrega lá no deserto, há quase uma semana, quando o nosso capitão médico estava na caravana dos beduínos. Querem saber, ao certo, o que ele fazia lá.

— Quanto a isso, senhor, já apuramos que ele foi seqüestrado e há poucas horas, ainda em vôo, segundo a carta anônima, ficamos sabendo que a noiva dele, Claire, está neste país, seqüestrada também.

— É sobre isso que iremos conversar amanhã, nós e eles, com a presença tanto do capitão como daquele beduíno chefe da tal caravana. Nosso cliente exigiu que ambos fossem interrogados aqui, por seus especialistas do serviço secreto. Foi por isso que ambos foram autorizados a vir para cá.

— Entendo, entendo, general. Vamos aguardar o dia de amanhã.

No dia seguinte, de fato, num amplo auditório, guarnecido por dezenas de agentes fortemente armados, reuniram-se ambas as comissões.

Samir e os Beduínos do Bem, antes de todos, ali já estavam instalados, bem antes do amanhecer. Quando chegaram, encontraram estranhos grupos de espíritos desencarnados, ali acantonados, em grande algazarra, galhofando do que logo mais fariam:

Saara: Palco de Redenção

– Vamos ter um belo espetáculo daqui a pouco, vão falar, falar, e depois se dirigir para o campo de provas, onde farão demonstrações. Está preparado um belo banquete para a assinatura do acordo. Mal sabem que muito antes, vai ser a hora boa para muitos mudarem de ares e se apresentarem a nós. Aí, nós é que teremos nosso banquete.

Os acompanhantes de Samir não tardaram a identificar os arruaceiros. Eram os mesmos que os recepcionaram quando desencarnaram, escravizando-os com crueldade. Só os libertavam quando já não tivessem mais quaisquer condições de servi-los.

O desejo de vingança no grupo de Naghuz irrompeu quase como fogo em labaredas, oculto em brasas que o tempo cobrira de cinza, mas não apagara.

E esse fogo-vivo – o da vingança – é sempre incinerador da paz!

Samir agiu com a caridosa energia que emana do bem:

– Filhos queridos, ouçam-me antes de se decidirem por retaliações: vocês estão a um passo de optarem pelas sementes, as que dão frutos de felicidade ou as do espinheiro. Não deixem que a dureza do ódio roube-lhes a chance de vestirem a túnica do perdão.

Como se uma forte e abençoada chuva caísse sobre o coração deles, os Beduínos do Bem olharam aquele guia tão amoroso que mais parecia um pai para cada um. Tamanha era a doçura no olhar de Samir, que seus acompanhantes sustaram a má reação.

Samir acrescentou, sem o menor sinal de repreensão:

– Nossos irmãos estão doentes. Não nos contagiemos. Vamos socorrê-los? Adianto-lhes que tal decisão é tão difícil que se optarem por me acompanhar, a partir deste momento o Céu estará em festa, pela matrícula de todos vocês na rota da felicidade. Não foi por proteção ou por acaso que eu os reuni, mas porque em suas mentes havia clarões de uma alvorada de redenção, quase inconsciente, mas o bastante para ser notada nos Céus.

O poderoso magnetismo de Samir agiu sobre seus discípulos que implodiram de vez a idéia de vingança, há tanto tempo aninhada em suas mentes.

A essa decisão – difícil e transcendental decisão, perdoar – suas vestes começaram a luzir um pouco, soltando pequeninos raios de luz.

A um simples olhar de Samir seus pupilos perceberam que sua missão era tirar dali aquele grupo. Samir ratificou-lhes:

– Vamos unir nossos pensamentos, imaginando que esses companheiros precisam ficar no meio do deserto, por algum tempo.

Samir fechou os olhos. Os Beduínos do Bem, também. Logo, foram chegando duplas de outros Beduínos do Bem, tanto os conhecidos do grupo de Samir quanto outros.

Com a participação efetiva de Naghuz e de seus companheiros, em silêncio, cada dupla conduziu para fora do grande auditório os galhofeiros, sem que estes pudessem opor qualquer resistência. Essa operação não demorou mais que cinco minutos.

Quando a última dupla deixou o ambiente, Samir abriu os olhos e exclamou:

– Louvado seja Deus!

Os Beduínos do Bem, retornando do deserto, onde deixaram muitos daqueles arruaceiros, estavam assombrados, pela feliz atitude que tomaram, que lhes deu paz interior, e também pela forma rápida e fácil com que foram até as areias e voltaram.

Olhando uns para os outros, ficaram perplexos ao notarem que suas fisionomias adquiriram linhas mais suaves: os olhos tornaram-se límpidos, cicatrizes desapareceram, já não se viam ferimentos que há tempos os incomodava, e o nariz adquiriu linha de harmonia, perdendo a ligeira aduncidade.

Samir, feliz e bem-humorado, explicou-lhes:

– O exterior espelha o interior; a caridade praticada por aquele, em razão da piedade existente neste, ameniza mesmo qualquer semblante e ninguém mais fica feio.

No auditório, agora, só estavam Samir e eles.

Quando o dia amanheceu, reinava grande paz no recinto.

Não tardou e logo começaram a chegar os componentes de ambas as comitivas.

Teqak e Mueb, com o coronel Joubert, foram também admitidos ali.

Instalada a sessão, em caráter preliminar, de comum acordo entre os membros dos dois países, Teqak e Mueb foram interrogados, primeiro em separado e após, um na presença do outro. Encarregados das duas nacionalidades faziam parte da equipe de interrogação, em conjunto.

Todos os componentes das duas comitivas assistiam ao interrogatório.

Após exaustivos questionamentos, aos quais responderam sem qualquer contradição, o interrogador do país-cliente guardou uma última e fulminante pergunta, que, em voz pausada e baixa, dirigiu ao mesmo tempo a Teqak e a Mueb:

– Digam-me, senhores, como explicam que na caravana de Mueb estava o homem que escreveu a carta anônima?

Mueb deu um salto, adiantando-se na resposta:

– Na minha caravana não havia traidores! Jamais!

Mas, em seguida, retificou:

– Esperem. Ao encontrarmos o capitão Teqak ele não tinha qualquer equipamento e quem o deixou lá, sabia, com certeza, que logo seria encontrado. E com ele estava apenas um detonador. Oh! agora começo a compreender. Talvez um ou mais atacantes estivessem disfarçados de beduínos e quando a caravana fosse dizimada, se fariam passar por seus integrantes.

O interrogador deu uma ordem curta a um auxiliar:

– Tragam-no!

O militar saiu por uma porta lateral e logo retornou, trazendo alguém, algemado.

Mueb, que não o conhecia, disse enfurecido:

– Jamais vi esse homem!

O prisioneiro abaixou a cabeça, num gesto de humilhante concordância.

O interrogador brandiu, vitorioso:

– Ele escreveu a carta anônima, logo tinha alguma ligação com vocês.

O "vocês" referia-se a Teqak e Mueb.

Teqak atalhou e em tom súplice perguntou ao prisioneiro:

– Claire, minha noiva, você a viu? Sabe onde está? Responda-me, pelo amor de Deus!

Os olhos do prisioneiro, subitamente, adquiriram estranho brilho. Sabendo-se condenado inapelavelmente à morte, entreviu uma pequena chance de se salvar.

Saara: Palco de Redenção

De fato, fazia parte de um grupo dito nacionalista, contrário àquela grande negociação de material bélico. Após o ataque à caravana, vestido de beduíno, passaria por sobrevivente dela e com isso não despertaria suspeita. O grupo sabia que os ofertantes fariam uma demonstração das armas no deserto, em área próxima do ponto onde passaria a caravana de Mueb. Pretendiam armar emboscada de forma a eliminar ambas as comitivas, imputando a culpa à dupla Teqak-Mueb.

Os seqüestros de Teqak e de Claire, que contaram com a colaboração de René, sem que um soubesse do destino do outro, visavam obrigar o capitão estrangeiro a acionar os explosivos que dariam fim, não só aos invasores, mas também, aos patrícios. Com isso, o acordo se esfacelaria. Teqak obedeceria à ordem de detonação, caso contrário sua noiva morreria. Nuelem, sobrevivente da emboscada à caravana, entregaria os explosivos a Teqak e lhe daria a ordem para detoná-los. Esses eram o plano e o objetivo do grupo nacionalista.

Nuelem participara das ações, mas ao ser ferido e preso após o malsucedido ataque à caravana de Mueb, com ele foi encontrada grande carga de explosivos. Duramente interrogado, confessou. Mas, em nenhum momento, declarou que Teqak e Mueb eram inocentes.

Os nacionalistas só não contavam com a interferência de Samir.

Com efeito, o bondoso espírito recebera instruções superiores no sentido de agir naquele evento, de forma a harmonizar tanta beligerância. Aliás, tantas mortes já haviam ocorrido naquele país, por dissidências políticas, internas e ligadas aos ex-conquistadores europeus, que era chegado o momento de pacificar tão sinistro ambiente, cujas conseqüências, no plano espiritual, estavam pondo em risco o destino de criaturas inocentes, fato que as Leis Divinas jamais permitem.

De posse de mandato superior foi que Samir administrou os acontecimentos, sem poder evitar a refrega com a caravana de Mueb, mas, antecipando-a, mediante a forte intuição que repassou a Teqak, evitando assim, que o plano dos invasores prosperasse.

Como o livre-arbítrio é sagrado, a refrega aconteceu e ela só causou prejuízo a quem de fato tinha dívidas em seu passivo. O que não foi o caso de Teqak e Mueb, por exemplo.

Mas, voltando ao prisioneiro Nuelem, ele fez uma proposta desesperada:

– Se me derem garantias, mostro o esconderijo onde está a moça.

Teqak quis alcançá-lo, mas os guardas o impediram:

O general Frédèric considerou:

– Temos o direito de salvar nossa compatriota!

O general Absoud, chefe da comissão dos compradores, logo se pronunciou:

– Sim, têm esse direito! Por isso, iremos buscar a refém, até porque, encontrando-a, poderemos confirmar parte do que o prisioneiro declarou. Assim, é interesse nosso também encontrá-la.

– Iremos juntos! – bradou o general visitante.

Aquiesceram os clientes.

Teqak implorou a Joubert:

– Coronel, pelo amor de Deus, quero ir com eles!

Joubert propôs serenamente, para todos ouvirem:

— Será produtivo que o noivo da jovem vá, levando seu amigo da caravana, pois assim o prisioneiro não poderá disfarçar nem tentar nenhum truque na acareação que poderá ser feita e que clareará todas as nossas dúvidas, selando a questão.

Nova concordância coletiva.

Absoud se adiantou e disse de forma a não ser contestado:

— Eu chefiarei a comitiva de ambas as comissões. Em meu país, mandamos nós.

Devidamente escoltada, a comitiva deixou o aeroporto e rumou para o endereço que Nuelem indicou. Teqak disse a Mueb:

— Estranho; tenho a impressão de que há outra escolta conosco, invisível.

Mueb não desdenhou do amigo, pois aprendera a respeitar suas estranhas faculdades.

Na verdade, Samir e alguns Beduínos do Bem os acompanhavam, em paralelo.

*
* *

Naghuz — sempre ele — perguntou a Samir:

— Diga-me, respeitável Samir, como se explica o fato de nós não estarmos nas viaturas militares e conseguirmos nos deslocar na mesma velocidade deste comboio?

Todos os companheiros de Naghuz tinham a mesma dúvida. Ouviram a resposta:

— Nossa missão, meus amigos, se reveste de transcendental importância, pois do que for decidido poderão resultar conseqüências benéficas ou gravíssimas. Para tanto, forças superiores do bem nos dispensam energias sublimes que nos possibilitam o presente deslocamento, em suspensão, denominado volitação.

– Oh, Samir, como é agradável este passeio!

– Naghuz, Naghuz, compreendo que você e os demais julguem ser um passeio, mas não é. É uma missão.

– Perdoe-me, protetor Samir, perdoe-me.

– Nada tenho a perdoá-lo, meu filho, mas ouçam todos vocês: com um país oferecendo armamento e outro querendo comprar, certamente o futuro é como uma nuvem escura lá no horizonte, vindo em direção dos dois, anunciando tempestade próxima. Nenhum país fabrica ou compra armas senão para guerras.

– Mas nós podemos impedir a guerra?

– No universo todo, Deus derrama a justiça, o amor e a paz. E concede o livre-arbítrio. A maioria dos homens é que fica largo tempo de costas para essas bênçãos e, ao contrário, produz, com atos infelizes, a injustiça, o desamor e a guerra. Com seus erros e acertos, acertos e erros, vão aprendendo que o bem é eterno e o mal, episódico. Algo assim como a verdade ser irmã gêmea do Sol, quando por vezes ele é obscurecido por nuvens: jamais se teve notícia de uma nuvem que pudesse impedi-lo de voltar a brilhar, tanto quanto a verdade que jamais fica submersa por muito tempo, inexoravelmente, vindo sempre à tona.

Dando tempo para seus pupilos entenderem melhor, Samir retomou:

– A liberdade humana de errar ou acertar é patrimônio sagrado, respeitado em todas as instâncias, só sendo temporariamente retirado quando, do desrespeito às Leis Divinas,

Saara: Palco de Redenção

for resultar danos a inocentes. Aí, entra em vigor a Lei de Justiça. E o mal não prospera.

Após curta pausa, Samir arrematou:

– Neste momento, nossa tarefa é impedir esses irmãos de fazerem o que estão fazendo, julgando-se reciprocamente com esse direito.

Como a comitiva se aproximasse do endereço visado, Samir conclamou seus pupilos à firmeza de intenções, isto é, que pensassem no bem. Pensassem no abençoado Profeta Maomé, no Mestre Jesus, mas, sobretudo, que pensassem em Deus.

Antes mesmo de os veículos estacionarem, o velho casarão, com aparência de abandono, surpreendeu os Beduínos do Bem pela luz que dele extravasava. Samir explicou:

– Em caráter precursor, amigos nossos já vieram para cá e prepararam o ambiente, limpando os miasmas negativos aqui sedimentados.

Vários militares cercaram o prédio e outros entraram, com cautela, todos empunhando armas engatilhadas. Logo retornaram, após vasculhar as carcomidas dependências, nas quais ninguém foi encontrado.

O mesmo interrogador apenas olhou enfaticamente para Nuelem. Este, demonstrando falar a verdade, gritou:

– Foi aqui! Eu mesmo a trouxe para cá!

O general Absoud, para não perder tempo, determinou imediato regresso à base militar, no aeroporto.

Nesse momento, Samir pousou a mão sobre a fronte de Teqak. Este, num gesto que a intuição comandou, com atitude respeitosa, dirigiu-se ao general Absoud, falando no idioma local:

— Senhor, peço permissão para fazer breve inspeção e talvez reconhecimento, pois também eu fui seqüestrado e mantido cativo em algum lugar deste país.

— Você tem três minutos!

Teqak pediu para o prisioneiro entrar com ele. Foi atendido. Quando Nuelem mostrou-lhe onde ficou a moça seqüestrada, Teqak examinou o quarto, agora desmobiliado, com exceção de uma pequena mesinha empoeirada, sobre a qual havia uma moringa. Pegando a moringa, Teqak sentiu aquela eletricidade anormal e logo viu, mentalmente, sua amada Claire chorando e utilizando aquele utensílio.

A moringa ficara impregnada daquela emoção da jovem e Teqak, com a faculdade mediúnica da psicometria, capturou a cena. Conturbado, saiu e confirmou ao general:

— Sim! Ela esteve aqui.

Nuelem, de alguma forma, sentiu alívio, pois do contrário seria considerado mentiroso, e aí pouca ou nenhuma chance teria de continuar vivo.

— Já que não está mais aqui — disse o general — não vamos perder mais tempo.

Samir voltou a colocar a destra sobre a fronte de Teqak, que logo pensou e disse:

— Senhor, permita-me considerar que o prisioneiro, nestas circunstâncias, é o único elo que temos com a subversão. Por isso, sugiro uma inspeção na casa onde ele mora ou morava, com ou sem sua família.

— Bem pensado, capitão.

Dirigindo-se ao interrogador, inquiriu-o:

— Vocês certamente têm o endereço do prisioneiro. Já foram à casa dele?

— Não, senhor.
— Pois deviam ter ido. Parece que o capitão deles usa mais a inteligência.

Assimilando de mau grado a repreensão, o interrogador apanhou sua pasta de documentos com o relatório sobre o prisioneiro e passou o endereço ao general.

Quando chegaram à casa de Nuelem, na afastada região da capital onde residia, Mueb viu algo no quintal que o extasiou: seu camelo! Sem se conter, correu até o animal e para espanto de todos, abraçou-o e pronunciou carinhosos murmúrios. O grande animal, acelerando os movimentos de vaivém de suas pequenas orelhas, dulcificou o olhar e esfregou sem parar a grande cabeça no peito de Mueb, que chorava como um menino que reencontra algo muito querido que estava perdido.

Inspecionando tudo na casa, Teqak, sempre acompanhado de Samir e dos Beduínos do Bem, viu uma manta parecida com a que Mueb lhe dera, lá no deserto. Ao pegá-la, voltou a transtornar-se, pois com a tal eletricidade anormal que já estava ficando normal, viu René entregando aquela manta a Nuelem. Sem se conter, foi até junto do coronel Joubert, que a tudo observava em silêncio e disse-lhe, à queima-roupa:

— René tem algo a ver com o desaparecimento de Claire!
— O quê? Você enlouqueceu?! Se isso for verdade ele é um traidor.
— Isso mesmo, senhor. Interroguemos Nuelem:

Joubert passou a suspeita para o general Frédèric, e este a repassou para o general Absoud.

Ali mesmo, na frente de todos – militares, membros civis das duas comissões e familiares de Nuelem, estes apavorados com toda aquela movimentação – o general Absoud se aproximou do prisioneiro e com voz em surdina torpedeou-o:

– Miserável, traidor! Nem sei como você ainda está vivo, pois está escondendo o que queremos saber. Não vou entregá-lo ao interrogador, pois eu mesmo vou perguntar-lhe agora, e essa é sua última chance de continuar respirando.

Nuelem tremia dos pés à cabeça. Ajoelhou-se e pediu clemência. Sua esposa, num gesto dramático, ajoelhou-se também aos pés do general e suplicou perdão:

– Meu marido só queria evitar a guerra!

O general levou um susto, que disfarçou com dificuldade.

Olhou Nuelem interrogativamente, que ratificou:

– Por Alá, meu general, amo meu país e nunca pensei em trair nosso ideal de liberdade e nossa independência, conquistada com tanto sacrifício. Fui sondado há cerca de um mês, lá no hotel onde era servente, por um hóspede estrangeiro, que, após me fazer muitas perguntas, percebeu minha tendência nacionalista. Então, acenou-me com promessas de ajuda ao nosso país, pedindo-me colaboração patriótica para evitar uma guerra que logo seria deflagrada, se acontecesse uma grande compra de armas. Disse-lhe que eu nada representava no nosso contexto, mas ele apresentou-me alguns conhecidos dele, daqui do nosso país e nacionalistas como eu. Solicitaram-me apenas tomar conta de uma casa abandonada, a mesma de onde viemos há pouco, onde algumas pessoas ficariam por algum tempo. Deram-me dinheiro e sumiram. Tomei conta da casa até a semana passada, quando recebi ordens de levar outro estrangeiro e uma moça até lá.

– Quem são os dois estrangeiros que você citou?

– O primeiro, não vi mais; o segundo, era o médico que cuidou dos feridos, lá no deserto. Ele é quem fez companhia à moça, no carro que eu dirigia. Conversavam amigavelmente.

– Qual moça?

– A que era hóspede do hotel em que trabalho e que agora estou sabendo ser a noiva do capitão. Quando chegamos à casa, lá estavam outras pessoas, que não conhecia. Rebelei-me, mas com ameaças de morte à minha família, obrigaram-me a escrever a carta. Fizeram ameaças de matar a jovem e pôr a culpa em mim, caso a operação comercial se concretizasse. Foi assim que também me obrigaram a participar do ataque à caravana do Mueb, levando explosivos.

Teqak interpelou-o:

– Como é que o camelo de Mueb e a manta vieram às suas mãos?

– Antes de os helicópteros levarem o senhor e Mueb, aquele médico militar aproximou-se de mim e ameaçou-me, dizendo que me calasse. Como eu estava ferido na perna, com dores insuportáveis, pedi-lhe remédio, mas ele apenas olhou em volta, viu o camelo do Mueb, foi até lá, apanhou a manta e jogou-a sobre minha perna, dizendo: "Pegue esse camelo e vá para a cidade. Eu não posso atendê-lo, pois tudo deu errado aqui".

O que Nuelem acabara de dizer continha grave acusação ao capitão René.

Contudo, devido às implicações internacionais decorrentes daquilo que o prisioneiro dissera, havia necessidade de comprovação, antes de qualquer providência.

O comandante da comitiva olhou para o general visitante. Nem um nem outro conseguiu articular qualquer palavra, embora em suas mentes os pensamentos faziam o cérebro parecer um céu entrecortado por relâmpagos e trovões. As interrogações íntimas eram intensas e aflitivas; já as respectivas respostas dissolviam-se ante a força do protocolo.

Um auxiliar de Absoud cochichou-lhe alguma coisa e de imediato ele anuiu, pois deu ordem expressa a um outro auxiliar, que, célere, deixou o aeroporto.

– Por favor – disse o general anfitrião – aguardemos aqui mesmo por pouco tempo, pois logo comprovaremos se Nuelem diz a verdade.

Com efeito, quarenta minutos mais ou menos após, o emissário retornou e entregou uma pasta ao comandante que, abrindo-a, apanhou uma foto do tamanho de um postal. Com um gesto convidou o general Frédèric a olhar a foto. Tratava-se da comissão precursora que há cerca de um mês viera àquele país trazendo a minuta do contrato para a instalação de uma fábrica de material bélico, além de visitar as áreas onde seriam feitas demonstrações práticas.

O general Absoud determinou que Nuelem viesse à sua presença e à do general Frédèric. Quando ele se aproximou, Absoud olhou-o de maneira raivosa e sentenciou:

– Sua vida dependerá do que você disser e do tempo que demorar a falar a verdade.

A seguir exibiu a foto a Nuelem e disse em tom próximo ao de condenação:

– Você tem dez segundos para nos mostrar se nesta foto estão o homem estrangeiro que conheceu no hotel e o médico estrangeiro que lhe deu a manta logo após a escaramuça lá no deserto.

Nem bem Nuelem olhou a foto, gritou:

Saara: Palco de Redenção

— Este aqui é o estrangeiro que mais ou menos há um mês me deu dinheiro!
Os dois generais se olharam, mutuamente. A pessoa apontada era o doutor Rimbaud.
Se alguns embaraços começaram a se desfazer, novos começaram a surgir.
Nuelem foi levado pela escolta. Seria julgado, mas com atenuantes.
Voltaram todos à base militar.
Absoud, algo constrangido, dirigiu-se em tom diplomático a Frédèric:
— Neste ponto, passam a ser da minha atribuição e responsabilidade as providências sobre este compatriota e seus companheiros. Imagino que o senhor fará o mesmo, com seus patrícios.
De comum acordo, ambas as comissões decidiram realizar reunião em separado, mantendo, porém, estreito contato, consultando autoridades mais graduadas de seus respectivos países, buscando novas diretrizes para a continuidade, ou não, da negociação internacional.
Absoud convocou seus auxiliares e indo para outra dependência, iniciou reunião de agendamento de novas providências, após consultas a serem feitas ao escalão superior.
Para idêntica pauta de reunião o general Frédèric convocou seus auxiliares.
Samir, que a tudo presenciava, juntamente com os Beduínos do Bem, saiu do silêncio em que estivera até então e recomendou-lhes:
— É agora que verdadeiramente começa nossa tarefa.
Como os pupilos o olhassem, interrogativamente, esclareceu-lhes:

– Enquanto o violento usa a guerra para produzir equivocada paz, o pacífico usa a idéia do bem, para impedir o confronto. Se no deserto o tuaregue que se entregou à pilhagem justifica sua ação como sendo pela sobrevivência, o beduíno transita por ali espalhando coisas para a vida de quem encontra, com isso sobrevivendo ele e esses outros.

Como os espíritos captassem pouco do que dizia, Samir foi explícito:

– Antes que qualquer ameaça volte a se concretizar, quem já a vivenciou deve tomar o mesmo cuidado das aves que preparam o ninho nas tamareiras para que, ao nascer, seus filhotes não fiquem desprotegidos. E digo-lhes, meus filhos, uma fábrica de armas e munições é comparável a um abismo invisível, cavado no meio das multidões, à beira do qual a morte se instala e fica empurrando homens, mulheres, crianças e até animais.

– Grande Samir! Então nós vamos impedir que esse abismo seja cavado?

– Sim, Naghuz e meus amigos. Sabem como? Construindo ninhos, impediremos aquele abismo. Os ninhos que construiremos serão nossos pensamentos de paz e neles serão abrigadas as almas de todos esses homens que hoje estão combinando a construção da fábrica de armas. Eles, assim como todos os filhos de Deus, trazem na alma a semente divina do bem, só que oculta. Precisamos ter fé em Deus e imaginar que de nós depende o futuro – a vida ou a morte – de milhares de criaturas, algumas das quais até podem ser familiares nossos.

Suspirando fundo Samir consolidou:

– Estamos incumbidos por anjos do Senhor de incutir idéias de paz na mente dos negociadores – não de obrigá-los

Saara: Palco de Redenção

a nos ouvir ou obedecer, mas, tão-somente de receber idéias construtivas que pudermos ou soubermos plantar em seus corações. Vocês foram convocados, meus amigos amados, pela força que têm, adquirida nos longos e penosos anos que trilharam pelas inclemências do deserto, não apenas quando tinham o corpo físico, mas também depois, até há pouco tempo, onde a penúria, a solidão e a saudade dos familiares lhes queimavam por dentro muito mais que o sol do meio-dia.

Como as lágrimas de alguns beduínos já demonstrassem a emoção que mais e mais lhes visitava, Samir concluiu:

— Aqueles companheiros que estavam aqui quando chegamos, estavam direcionados justamente para o contrário da nossa missão, por isso nós tivemos que tirá-los do contexto. Foram igualmente todos convidados a se unirem a nós, mas ainda não amadureceram para o amor ao próximo. Como o tempo tem tempo, um dia estarão ombro a ombro conosco, praza a Alá! Meditando no perdão que vocês lhes ofertaram, imagino que não tardarão a querer mudar de vida.

E, assim, cada Beduíno do Bem, devidamente instruído por Samir, foi se aproximando dos militares dos dois países e antes de tudo, dava-lhes um abraço.

Aquela "luzinha" começou de novo a luzir em suas frontes.

Samir encarregou-se de abraçar os dois generais, primeiro Absoud, depois Frédèric.

Um a um, os militares, sem se darem conta, começaram a ser envolvidos por lembranças sobre as terríveis conseqüências das inúmeras escaramuças das quais participaram, o que resultou em grande número de mortos, feridos, famílias inteiras ao desamparo, jovens desonradas, órfãos perambulando pelas ruas e seres em farrapos, famintos, degladiando com cães abandonados por restos de comida.

As imagens das funestas e inescapáveis sobras das grandes ou pequenas guerras foram se avolumando na mente da maioria dos militares.

Alguns, mais sensíveis, não conseguiram impedir que inesperadas e justificadas lágrimas viessem de seus corações e saltassem dos olhos. Jamais saberiam o porquê.

Quando ambas as reuniões iam a meio, Samir avisou aos Beduínos do Bem que precisava ausentar-se por pouco tempo, mas que mantivessem bem acesa a chama da fé.

Brincou com eles:

– Aquela chama que é mais quente que as areias do deserto, mas que aquece apenas corações, porque é filha do Sol do Amor.

Decorridas quase duas horas, os dois generais voltaram a se reunir. Apenas os dois.

Absoud tomou a iniciativa. Colocou a mão amigavelmente no ombro de Frédèric e disse:

– Meu bom colega Frédèric, expus ao Primeiro-Ministro todos os acontecimentos e juntos concluímos que o momento é de todo desaconselhável para concretizarmos as negociações.

Para surpresa dele, Frédèric, quase exultante, colocou a destra sobre a mão que estava em seu ombro e disse, com manifesta alegria:

– Que feliz coincidência! Juntamente com meus auxiliares concluímos, por unanimidade, que o momento psicológico é impróprio à efetivação do acordo. Telefonei ao meu superior e ele levou nosso parecer ao Escalão Superior. Há poucos minutos me telefonou informando que estão pensando em suspender a negociação, necessitando apenas da concordância de vocês.

Fazendo uma pausa, que não quebrou o momento feliz, concluiu:

– Pelo que pudemos apurar até aqui, o doutor Rimbaud, sem dificuldade, confessou que recebeu grande oferta de dinheiro, do grupo daqui, para sabotar a transferência de tecnologia. Aliás, ele estava revoltado em repassar a sua tecnologia sem receber nada por isso, a não ser a gratidão da sua pátria. Será submetido a processo. Quanto ao capitão René, determinei que seja detido, igualmente para julgamento. Estou incumbido de apresentar desculpas oficiais ao seu país, que espero, sejam aceitas.

– Estou feliz pelo consenso! E em nome do meu país, apresento iguais desculpas.

Franzindo a testa e agora fazendo longa pausa e silêncio, Absoud comentou, em tom lamentoso:

– Já investimos tanto nos projetos e no início das obras! Tanto material de construção já está comprado! Tantos trabalhadores foram contratados...

– Sim, é verdade. Também pensamos nisso, mas teremos de administrar essas perdas!

– Não há dúvida, existiram inesperados motivos impeditivos, de ambos os lados. Creio que será justo dividirmos os prejuízos.

– Sim, será.

– Vamos repassar essas notícias ao nosso pessoal?

– Sem dúvida!

Quando todos estavam reunidos e ambos os generais lhes notificaram da decisão conjunta pela suspensão do acordo, o tesoureiro da comissão local não se conteve e pediu licença para se expressar:

– O que faremos com as obras iniciadas?

Um grande murmúrio geral se ouviu no grande salão.

Os próprios chefes, que já haviam conversado sobre isso, não tinham resposta oficial para tão ardente pergunta.

Nesse momento, invisível a olhos humanos encarnados, contrariando a fantástica velocidade com que a luz se propaga, um feixe luminoso varou o teto do grande anfiteatro e foi descendo lentamente em direção ao coronel Joubert. Quando o alcançou, o feixe se difundiu, e os Beduínos do Bem, únicos que o viam, se deslumbraram ao ver surgir um belíssimo vulto de mulher, na companhia de Samir.

Era Claudine!

12

Abençoada reaproximação

Diante da fulgurante presença, todos os componentes da equipe de Samir se quedaram em mudo espanto. A nenhum, em momento algum, perpassou um mínimo pensamento que não glorificasse tão celestial criatura.

Inexprimível doçura irradiava de Claudine, que a todos alcançou, em varredura do olhar que se fixou por um segundo em cada um, dando a impressão de uma bênção maternal.

Quando Claudine se aproximou de Joubert, ele teve a sensação de que uma lâmpada se acendera em seu cérebro, iluminando uma tela mental que ali surgiu, proporcionando-lhe agradabilíssima visão mental. No sítio onde estava programada a construção da fábrica de material bélico, aproveitando as fundações, as obras já realizadas e os projetos, erguia-se monumental hospital. E mais, no referido hospital, eram atendidas milhares de pessoas, não só daquele país, mas de outras nações próximas!

A inesperada, insólita e inédita vidência não durou um segundo, mas Joubert captou todo um desdobramento de anos e anos, rumo a um futuro promissor, abençoado.

Quase sem voz, por tamanha e tanta certeza que lhe invadiu a alma, Joubert dirigiu-se aos dois generais chefes e disse-lhes, quase em sussurro, não porque quisesse falar baixo, mas simplesmente porque não podia mesmo conter a emoção que lhe embargara a voz:

– Por que não aproveitamos as obras e edificamos um grande hospital-escola? Seria um centro de convergência cultural na área da saúde, unindo dois continentes. Naquelas dependências poderá também ser instalada uma faculdade de medicina, para formar profissionais, não só de nossos dois países, mas também de outras nacionalidades. Imaginem, senhores, que fantástico centro de excelência para pesquisas médicas!

Concluiu, quase sem ar, face à empolgação:

– Imaginem, senhores, quantas pessoas poderão ser atendidas, quantas bênçãos!

Não pôde dizer mais nada. Lágrimas escaldantes, de felicidade, o impediram.

Todos no auditório – encarnados e desencarnados –, pouco conseguiram captar das palavras de Joubert, no entanto sentiram-se invadidos por intensa paz.

Os dois chefes foram envolvidos pelas irradiações de Claudine, que junto deles estivera em preces, com a mão sobre suas frontes.

Saara: Palco de Redenção

– Por Alá, por que não pensamos nisso antes?!
– Sim, por Deus, por quê?
Essa foi a dupla e instantânea reação dos dois generais.

Absoud, a pedido de Frédèric, que lhe concedeu tal primazia, pegou o microfone e em voz pausada, solene e de forte impacto, anunciou com brevidade:

– Senhores, ocorreu-nos, a nós dois, que chefiamos as delegações, propormos aos nossos governantes a construção de um hospital-escola onde seria a fábrica. Se houver aprovação, a responsabilidade pela construção, administração e manutenção da obra, ficará a cargo dos dois países, em partes iguais.

Teqak não se conteve e de um salto alcançou Mueb, abraçando-o fortemente, no que foi correspondido. Esse gesto irradiou-se e logo no auditório todo houve uma estrondosa manifestação de alegria, com vários militares, de um e outro país, abraçando-se comovidos.

Claudine achegou-se a Joubert e pilhou-o em lágrimas silenciosas.

Beijou-o nas faces com indizível ternura.

Nesse momento, Teqak ainda abraçava efusivamente Mueb, mas, dirigindo o olhar para a mesa diretora, ainda pôde ver Claudine, visão essa que rápido se dissipou. Emocionado, ia dizer algo a Mueb, quando viu, então, Samir e, junto dele, Mazhiv!

O caravaneiro que dera a vida pela sua, estava algo combalido, mas sob o amparo de Samir, aproximou-se de Teqak e beijou-lhe a fronte, depois foi até Mueb e repetiu o gesto.

Ambas as visões espirituais de Teqak duraram um tempo tão pequeno que nenhum relógio poderia registrar, conquanto tenham sido de impressionante e inquestionável veracidade.

Ao ser encerrada a reunião, ficou acertado que os respectivos protocolos internacionais seriam expedidos, confirmando em forma de proposta, o que ali havia sido analisado.

Antes que as equipes se retirassem, Teqak dirigiu-se ao coronel Joubert:

– Coronel, abençoada seja sua sugestão!

– Obrigado, Teqak, mas não consigo entender como é que tal idéia assomou-me no cérebro. Até parece que um anjo assoprou-me tão sublime solução!

– Sim, coronel, o senhor está certo. Na verdade, foi um anjo que o inspirou.

– Ora, ora, como é que você sabe disso?

Tão logo fez a pergunta, Joubert arregalou os olhos e respondeu ele próprio, com fulminante certeza:

– Claudine! Por Deus, Claudine!

Em mudo e expressivo gesto Teqak confirmou.

Joubert não duvidou. Sabia que o capitão tinha outros olhos, que lhe possibilitavam ver coisas do andar de cima.

Abraçaram-se demoradamente.

Teqak pediu:

– Senhor, temos de encontrar Claire!

– É mesmo! Não podemos retornar sem encontrá-la. Ou sabermos qual seu paradeiro.

– Tenho uma sugestão, por favor, senhor, ligue diretamente para onde René está recolhido e peça para falar com ele. Algo me diz que só René poderá dar alguma indicação do cativeiro ou do destino dela.

– Bem pensado. Vou fazer isso agora mesmo.

Dirigindo-se ao general Frédèric, Joubert expôs o caso. O general anuiu e ele mesmo se empenhou na solução. Pediu a colaboração de Absoud. Sendo atendido, ligou para seu país e mandou chamarem o capitão René ao telefone. Quando foi possível, o general Frédèric encarregou o coronel Joubert de conversar com René. O coronel foi objetivo:

– René, não me dirijo a você como juiz, menos ainda como carrasco. A meu lado estão Teqak e Mueb. Não conheço os motivos que o levaram a proceder equivocadamente, mas, mesmo lamentando-o, acredito que você poderá aliviar muito o ônus que já está recaindo sobre você. Estou lhe dando essa chance. O que me diz?

Do lado de lá da linha, no noutro continente, a voz de René atravessou o Mar Mediterrâneo e chegou a Joubert, na forma de lamento:

– Senhor, perdão! Não queria fazer nada disso. Mas envolvi-me no jogo, no cassino do hotel, aí nesse país, quando fui com a equipe precursora. Perdi muito, não tinha como pagar e fui ameaçado de morte; aí, então, para salvar minha vida, comprometi-me a colaborar com pessoas reacionárias, contrárias ao acordo comercial dos nossos países. Essas pessoas queriam a fábrica, mas com autonomia, isto é, sem participação de estrangeiros. Contaram-me que o doutor Rimbaud já aquiescera em colaborar com um plano para fazer falhar a negociação. Fingi concordar com eles, mas apenas para ganhar tempo, até porque não acreditei no envolvimento do doutor Rimbaud e porque também estava certo de que não poderiam dispensar nosso apoio. Livrando-me da dívida, daria um jeito de igualmente livrar-me da promessa. O resto o senhor já sabe.

– Há um grave problema que só você poderá nos ajudar a resolver. Onde está Claire?

— Ela...

— Diga, René, diga sem receio, onde ela está?

— No dia seguinte ao que prometi colaborar com o grupo extremista, eles me obrigaram a chamar a noiva do Arnaud, por ser a única civil na comitiva precursora. Ele estava em visita às fundações da fábrica e eu não tive dificuldade em apanhá-la no hotel, dizendo-lhe que Arnaud, ocupado naquele momento, me pedira para buscá-la. O carro que nos conduziu era dirigido por um dos extremistas que nos levou a uma casa onde Claire foi obrigada a escrever aquele bilhete, que eu fui forçado a deixar no quarto de Arnaud. Depois, foi dopada. Quando Arnaud voltou e viu o bilhete, veio me perguntar se eu a vira e dei-lhe um endereço, diferente de onde Claire estava, mas no qual, assim que ele chegou, foi seqüestrado também. Fiquei com muito receio de tudo aquilo e informei ao chefe da nossa comissão o desaparecimento dele. Só voltei a vê-lo após a escaramuça lá no deserto.

— Onde é o endereço para o qual Claire foi conduzida, em sua companhia?

— Não sei ao certo, mas era nos arredores da capital, numa casa abandonada.

— Lá nós já estivemos. Para qual local foi levado Arnaud? Pelo amor de Deus, dê-nos alguma pista!

Samir, que em prece participava do diálogo, como testemunha invisível, mas com atribuições especiais para deslindar aquele caso, de forma a pacificar as coisas com os parceiros internacionais, recebeu, vinda do Mais Alto, a intuição de ir até René. Deslocou-se com a velocidade do pensamento, deslizando por uma ponte fluídica que ligava os interlocutores. Chegando no mesmo instante à prisão militar, colocou a destra sobre a cabeça de René, que então se recordou de importante informação que repassou para o coronel Joubert:

– O motorista que me levou com Claire à casa abandonada sabe onde é! Foi um amigo dele que participou do seqüestro de Arnaud.

Antes de Joubert encerrar o telefonema, René perguntou se Teqak estava por perto, pois precisava muito pedir perdão a ele. Joubert passou o telefone para Arnaud, que ouviu:

– Arnaud, nunca me perdoarei pelo que fiz a você e a Claire. Preciso ouvir de você que me perdoou, do contrário nem me sinto em condições de continuar vivendo.

– Como o coronel Joubert disse, eu digo também, não sou juiz, por isso não o condeno. Erros todos nós cometemos, alguns leves, outros, mais pesados. Contudo, o importante é a lição que eles nos deixam, não é mesmo? De minha parte estou administrando tudo isso e não ficaria feliz se visse sua derrocada. Reconstrua sua vida!

Joubert deu por encerrado o telefonema e chamando Nuelem perguntou-lhe onde poderia ser encontrado o seu amigo que ajudara no seqüestro do capitão Teqak.

Nuelem deu o nome desse amigo e indicou o endereço.

O general Frédèric designou o coronel Joubert para ir até o citado endereço. Solicitou ao general Absoud que colocasse uma escolta à disposição, sendo atendido. Absoud, inclusive, designou um militar de igual patente à do coronel Joubert para acompanhá-lo, para que tomasse eventuais providências, no transcorrer das investigações.

Teqak, Mueb e Nuelem acompanharam também a sindicância.

Quando chegaram, Teqak confirmou que de fato era ali que estivera seqüestrado.

Sob o olhar assustado do casal que ali morava, a casa foi vistoriada. Ninguém estava no porão, onde havia uma cama arrumada. A mesma em que Teqak dormira. Teqak aproximou-se da cama e pegou o travesseiro. No mesmo instante sentiu a estranha eletricidade, que já estava se tornando sua conhecida. Certeza sólida teve de que tanto ele quanto Claire o utilizaram. Ficava assim comprovada também a participação do amigo de Nuelem.

Interrogados, os residentes confirmaram:

– Nerud, nosso filho, e dois amigos, de fato, trouxeram primeiro o doutor.

Ao dizerem isso apontaram para Teqak. Logo concluíram:

– E, depois uma jovem estrangeira, para ali permanecer por dois ou três dias, escondendo-se do noivo que queria matá-la.

Novamente apontaram para Teqak:

– Ele é que queria matar a noiva!

– E onde ela está agora?

– Isso não sabemos. Um pouco antes de trazerem o doutor, os dois amigos de Nerud levaram-na para outro lugar.

– Onde está Nerud e os amigos dele?

– No hotel, onde trabalham.

Quando chegaram ao hotel e convocaram Nerud, ele se apresentou e ficou apavorado ao ver a escolta e os militares estrangeiros, além de Mueb e Nuelem.

O coronel patrício deu ordem de prisão a Nerud. Logo localizados, os dois amigos dele também foram presos. Teqak aproximou-se dele e quase com brutalidade o inquiriu:

– Onde está minha noiva?

Saara: Palco de Redenção

Sem que sequer fosse acusado de nada, a culpa que trazia dissolveu qualquer defesa, e a consciência, agindo na plenitude, impôs que falasse a verdade, confessando:
– Ela está em local só conhecido dos primos dele – e apontou para Mueb.
Agora foi Mueb quem deu um salto e, quase rosto no rosto com Nerud, vociferou:
– Meus primos?! Você está louco?! Tem certeza?
– Absoluta!
Fez-se terrível silêncio entre todos.
Mueb pensou um pouco e com a mente fervilhando não conseguia ordenar as idéias.
Teqak, num gesto que só a amizade pura é capaz de ofertar, colocou a mão no ombro de Mueb e disse, confiante:
– Sei que você nada tem a ver com isso, meu amigo. Fique tranqüilo. Procure apenas se lembrar de algum detalhe, de algum fato que possa nos ajudar a encontrar Claire.
Nesse momento, Samir também colocou a mão sobre Mueb e transmitiu-lhe energia mental que pacificou o tumulto cerebral em que mergulhara. Quase no mesmo momento, Mueb raciocinou e disse:
– Meus primos trabalham numa pedreira.
– Vamos até lá – ordenou o coronel Joubert, explicando: – se formos à casa deles e Claire estiver lá, poderá haver alguma reação com danos inesperados. Teremos de agir com o elemento surpresa. Melhor será prendê-los primeiro e depois irmos ao provável cativeiro de Claire. E assim foi feito.
Quando chegaram à pedreira, não houve a menor dificuldade em localizar e prender os dois rapazes. Teqak os

identificou como sendo do grupo que o seqüestrara. Interrogados, em separado, sem que vissem Mueb, ambos deram as mesmas respostas. Em resumo, dedicavam-se à luta pela independência plena do seu país e não desejavam o mal de ninguém. Não eram necessariamente contra a fábrica de armamento, mas não aceitavam que ela fosse implantada pelos ex-conquistadores europeus. Roubaram os explosivos dali mesmo, com o detonador. Conheceram o doutor Rimbaud, fornecedor da pedreira em que trabalhavam, quando ele certa vez fora ali em visita e conseguira aliciá-los. E foram eles os elementos de ligação entre o grupo extremista e a sabotagem ao acordo comercial programada conjuntamente. Inclusive, sabiam o roteiro da caravana de Mueb e o indicaram ao grupo.

A informação mais importante foi dada por eles:

– A jovem seqüestrada está hospedada em nossa casa, com liberdade vigiada.

A equipe dirigiu-se imediatamente para a casa dos primos de Mueb, que, ao vê-lo, começaram a chorar e a pedir perdão. Por precaução, Nuelem e os dois seqüestradores ficaram numa viatura, escoltados, sem serem vistos pelos moradores da casa.

No plano espiritual, Samir convocou os Beduínos do Bem a se aproximarem e a cuidar, com bondade, mas com energia, de alguns espíritos perturbadores que ali se concentravam.

Na porta da casa, Joubert e Teqak, este com o coração aos pulos, bateram palmas.

Foram atendidos por um senhor aparentando cerca de cinqüenta anos. Era o pai dos rapazes.

Ao ver o aparato militar assustou-se, mas Mueb se adiantou e o cumprimentou:

— Tio Mareb, nada tema, são amigos.
— Amigos? Com todas essas armas?
— Tio, viemos aqui só para buscar a moça.
— A moça?!
— Sim. Sabe onde ela está? – perguntou Teqak, não se contendo.
— Lá no quarto dela.

Não detendo os sentimentos e desprezando inconscientemente a segurança, Teqak se precipitou e invadiu a casa. Foi seguido por Joubert, Mueb e Mareb. Foi este último que indicou a porta:

— É ali, naquele quarto.

Mareb tirou uma chave do bolso e entregou-a a Teqak.

Com a chave na mão, Teqak sentiu como se fosse a chave do Paraíso.

Ao abrir a porta, viu-a. Claire, em plácido sossego, lia um exemplar da Bíblia.

Acostumada a ser visitada pelos donos da casa, que sempre a trataram bem, não prestara maior atenção quando a porta foi aberta. Mas logo ouviu:

— Claire!

Ao ver Teqak teve uma reação inimaginável: qual um festivo felino, deu um salto e agarrou-se a ele, com força inaudita, como se jamais viesse a desligar-se daquele contato protetor.

Lágrimas há muito armazenadas e contidas eclodiram em ambos, a se misturarem pelos beijos infinitos que trocavam.

"Amor", "eu te amo", "minha vida", foram expressões repetidas quase mil vezes por eles.

Aqueles sublimes momentos contagiaram todos os presentes.

Acalmados os sentimentos, com a dupla taquicardia dos noivos cedendo e o coração voltando ao batimento normal, só agora eles puderam se olhar demoradamente.

Vendo os militares segurando com alguma rudeza o dono da casa, Claire adiantou-se:

– Ele e seus filhos não me fizeram nenhum mal, apenas me mantiveram cativa, mas sempre me respeitaram e quando fosse anulada a construção da fábrica de armamentos me libertariam, providenciando o retorno ao meu país.

– Serão julgados pelas leis do país deles – sentenciou Joubert, imperativo. – Agora, vamos retornar. Graças a Deus, tudo se resolveu da melhor maneira!

Quando saíam, Teqak, movido por desconhecido impulso – desconhecido para ele já que, para nós, sabemos que Samir agia –, olhou para um porta-retratos, onde se viam três fotos: na primeira dois meninos gêmeos, na segunda, outros dois meninos; na terceira, os quatro.

Seu coração, em vez de acelerar, agora quase parou. Tinha em sua casa uma cópia da segunda foto. Sua mãe, olhando com saudade aquela foto, lhe dissera várias vezes: "O outro garoto da foto é o seu irmão, que ficou lá no distante país em que seu pai nasceu e viveu; eu o conheci quando ele visitou a Europa e nos apaixonamos; depois, ele precisou voltar ao seu país, onde após algum tempo eu fui estagiar para reencontrá-lo. Ele era viúvo e tinha só esse filho, seu irmão; quando fiquei grávida, ele me pediu para voltar para cá, para a Europa; ele ficou, por temer ser preso, já que lá a gravidez sem casamento é crime que traz problemas sérios, tanto para a mulher como para o pai. Mais tarde, eu retornaria para lá ou ele viria para cá; mas, infelizmente, não tive mais notícias dele".

Mueb, vendo Teqak se fixar no porta-retratos e ficar extremamente pálido, foi olhar.

Nesse momento, dois espíritos adentraram a casa amparando Mazhiv e o entregaram aos cuidados de Samir. Então, momentaneamente energizado pelas doações espirituais do bondoso espírito, reconheceu onde estava:

– Por Alá! Meu irmão, e meus filhos! Oh, Clemente Senhor dos Céus, por quem sois, eu vos agradeço.

A seguir, Mazhiv ajoelhou-se e orou. Levantou-se e beijou um a um seus parentes.

Sem registrá-lo pelos sentidos físicos, os quatro captaram seu carinho.

Teqak, agora sob o influxo de Samir, apanhou com cuidado o porta-retratos. No mesmo instante, aquela eletricidade alcançou-o e ele exclamou:

– Minha mãe deu-me uma cópia desta foto; somos eu e meu irmão.

Todos, menos o dono da casa, olharam-no surpresos.

Mareb, com calma, esclareceu:

– Essa foto é dos filhos de Mazhiv, meus sobrinhos. Quando meu irmão, por amor ao nosso país se envolveu em escaramuças políticas, esteve a ponto de ser eliminado. Ficou viúvo nessa fase, e o Mueb tinha poucos meses, sendo deixado comigo, para ser criado, pois ele precisava se esconder das autoridades. Um ano depois, quando seu nome já não era mais tão procurado, retornou e conheceu uma estrangeira, com a qual teve outro filho, que nasceu, porém, lá no país dela, na Europa. Envolveu-se de novo com problemas políticos e escondeu-se no deserto, jamais permitindo que eu contasse para seu filho, o Mueb, onde ele estava. Fez-me jurar segredo sobre isso.

– Mas – exclamou Mueb, interrompendo o tio: – como é que ele ficou comigo tantos anos, sem eu saber que era meu pai?!

– Instantes antes de morrer – atalhou Teqak – ele me fez prometer que cuidaria de você; contou-me que você era filho dele.

Mueb, trêmulo e quase sem conseguir falar, balbuciou:

– Mas nesse caso, o outro garoto, meu irmão, é você!

Como Teqak e Mueb se olhassem, mudos e pasmos, Mareb quase lhes gritou:

– Vocês são irmãos! Mazhiv é o pai de vocês! Evitamos falar o nome dele nesses anos todos para poupar Mueb.

Por pouco os dois irmãos quase quebraram algumas costelas, tamanha a emoção e energia do abraço que se deram.

– E como é que ele me achou e ficou na minha caravana? – inquiriu Mueb ao tio.

– Esteve algumas vezes aqui, às ocultas. Contamos para ele sua vida na caravana e indicamos seu roteiro. Aí, certamente, ele foi procurá-lo e passou a fazer-lhe companhia.

– E essas fotos? – perguntou agora Teqak.

– Quando você ainda não tinha um ano, sua mãe o trouxe aqui uma vez, e as fotos foram feitas por Mazhiv. Por ser um proscrito, não quis aparecer nelas, pensando no bem dos filhos.

Não havia o que dizer. Ou melhor, havia coisas até demais a serem ditas, mas em qual idioma? Da linguagem ou da alma? Só mesmo pela expressão mais fiel, mais sincera, que é a fala dos sentimentos é que tudo seria dito, ouvido e compreendido entre aquelas duas almas afins que o destino²⁶ separara na consangüinidade, mas que esse mesmo destino voltara agora a reaproximar, pela fraternidade. E desta vez, para sempre!

*
* *

Sempre com o arrimo abençoado de Samir, assessorado pela numerosa equipe dos Beduínos do Bem, os militares, de comum acordo, consideraram como brandas as atividades dos reacionários, inserindo atenuantes nos relatórios sobre seus crimes.

Samir, antes de levar seus pupilos para o deserto, anunciou-lhes:

— Nossa missão, por enquanto e por aqui, terminou.

— Por que por enquanto e por aqui? – perguntou Naghuz.

— Porque, se as previsões se confirmarem, num breve futuro, voltaremos a nos encontrar com esses amigos, já que eles estarão sendo Beduínos do Bem num grande hospital, lá nas fraldas do deserto, onde serão atendidos muitos necessitados, de toda parte. Alguns pacientes chegarão até eles por nosso intermédio, sem eles nos verem.

Naghuz, não se contendo, com muito respeito e carinho perguntou:

— O senhor ainda não nos disse o motivo da sua atenção para com Teqak, Mueb e Mazhiv.

Samir endereçou um nostálgico olhar para o alto e narrou:

---

26 – Nunca será demais repetir que com a chegada do Espiritismo ao planeta Terra, os vocábulos "destino", "acaso", "sorte" e "azar" foram devidamente excluídos do dicionário espírita, sendo enquadrados na Lei de Ação e Reação. Se aqui usamos um deles, é apenas por "licença poética". (N.M.)

— Os três, em existências diferentes, estiveram no meu lar, como filhos.

*   *   *

Mueb fez questão de ir se despedir de Teqak e Claire, no retorno da comitiva visitante. Disse-lhe com grande emoção:

— Alá me deu grandes alegrias na vida, mas a maior de todas foi a de sabê-lo meu irmão.

Teqak não conseguia falar, também altamente sensibilizado. Mas abraçou forte o irmão, beijando-lhe a face. A custo pôde confessar:

— Sabe, meu irmão, desde que o vi, lá no deserto, meu coração se agitou, de forma positiva, pois apesar de toda aquela sua aparente dureza, pressenti que aquele seu jeito era apenas o natural disfarce de quem chefia homens. Depois, quando eu cuidei dos seus ferimentos, aquela estranha eletricidade deu-me a certeza de que já o tinha visto e que a partir dali, meu destino se ligaria ao seu. Nada disse, pois poderia ser mal-interpretado.

Comovido, Mueb respondeu a uma pergunta que ficara sem resposta lá atrás:

— Sou casado sim, e tenho quatro filhos, minha caravana estava voltando para que eu pudesse estar com minha mulher, sua cunhada, no nascimento do quinto.

No retorno ao país, Joubert também conseguiu que René tivesse aliviada a condenação, resultante do julgamento a que foi submetido. Não perdeu a patente militar.

Quanto ao doutor Rimbaud, que se confessou amargamente arrependido, também responderia a processo.

Saara: Palco de Redenção

Joubert, uma semana depois, convocou Teqak e Claire para uma reunião:
– Tenho uma boa notícia para nós todos.
– Nós também temos uma boa notícia para nós três – respondeu-lhe Teqak.
– Está aprovada no congresso a parceria internacional para a construção do hospital-universidade, lá onde seria a fábrica de armamentos! Estou convidando-os, oficialmente, para fazerem parte da nossa equipe que irá para lá e ficará até o término das obras, podendo inclusive permanecer, após, nas atividades profissionais!
– Aceito – respondeu Teqak, feliz.
– Eu também – aquiesceu Claire, aduzindo: – com uma condição.
– Qual?
– Que o senhor seja nosso padrinho de casamento!
– Louvado seja Deus!

*
* *

Tempos depois, quando o filho de René e Simonne nasceu, mesmo estando cumprindo pena, o pai da criança conseguiu permissão para ir ver o filho, graças ao coronel Joubert que, fraternal, intercedeu a seu favor e o levou. Quando chegaram à maternidade, Teqak e Claire lá estavam, em visita, pois queriam cumprimentar Simonne antes de partirem com o coronel Joubert, para o outro lado do Mediterrâneo, onde seus destinos teriam a oportunidade de dar gigantesco passo evolutivo.

Teqak e Claire abraçaram René, demonstrando que não cultivavam mágoa.

René pediu a Teqak:

– Quando você puder, leve ao Mueb meu pedido de perdão. Cheguei a pensar em matá-lo, quando ele chegou com você aqui em nosso país, temendo que identificasse algum dos seqüestradores. Aliás, foram eles que me deram essa ordem, após o fracasso do ataque à caravana.

Em lágrimas, na presença dos amigos, René pediu Simonne em casamento.

Fazendo charme, do alto do sublime altar da maternidade, ela condicionou:

– Só se eles forem os padrinhos!

Eles, eram Claire e Teqak.

Quase a uma só voz também impuseram uma condição:

– Só se formos padrinhos, primeiro do filho de vocês e depois, do seu casamento.

Uma semana após, a bordo da aeronave que os levava de volta ao país onde estava quase pronta a construção, para nela ultimarem detalhes da inauguração, Teqak filosofou com Claire:

– Existe tanta água bem abaixo do deserto, assim como existe tanta areia no fundo do mar.

– Como Deus é generoso e bom! Como é grande o deserto, como é grande o mar!

– Sim, meu amor! Vistas daqui de cima é que podemos entender por que faz parte da tradição humana a intuição de que as areias do deserto são primas das praias e filhas das águas do mar.

Fim

Adendo

1. Charles Robert **Richet** (1850-1935) – francês.
Cientista e fisiologista, pioneiro-criador da metapsíquica. Prêmio Nobel de Medicina (fisiologia) em 1913. Talvez o maior pesquisador dos fenômenos ditos paranormais (mediunidade) de todos os tempos.

2. Gabriel **Delanne** (1857-1926) – francês.
Engenheiro-eletricista e escritor de suma importância para o Espiritismo, fruto de grande dedicação e de estudos que realizou sobre a Doutrina Espírita, então nascente. Foi colaborador do célebre Charles Richet.

3. William **Crookes** (1832-1919) – inglês.
Célebre físico-químico. Homem de muita ciência, ganhador de vários prêmios por suas descobertas, na Inglaterra. Pesquisador de fenômenos espíritas, deu a eles um impulso rigorosamente científico.

4. Arthur **Conan Doyle** (1859-1930) – inglês.
Festejado romancista (criador do imortal personagem *Sherlock Holmes*). Médico, apaixonado pelo Espiritismo.

5. Cesare **Lombroso** (1835-1909) – italiano.
   Médico, antropologista, criminologista, professor de psiquiatria. Produziu ásperos artigos contra o Espiritismo, mas quando sua mãe se materializou, pela mediunidade de Eusápia Paladino (1854-1918), comovido, retratou-se publicamente, na famosa revista italiana *Luce e Ombra*.

6. Ernesto **Bozzano** (1861-1943) – italiano.
   Interessado desde criança pelos assuntos psicológicos, astronômicos e paleontológicos, foi um dos maiores filósofos da Doutrina Espírita e um dos seus mais argutos experimentadores.

7. Joseph Banks **Rhine** (1895-1980) – norte-americano.
   Estudou Teologia e Botânica, bacharelou-se e fez doutorado. Juntamente com a esposa, tornou-se um iniciado em parapsicologia. Realizou vários experimentos sobre telepatia e clarividência.

8. Alexander N. **Aksakof** (1832-1903) – russo.
   Membro da nobreza russa foi doutor em filosofia. Dedicado à investigação psíquica, publicou sua mais notável obra: *Animismo e Espiritismo*. Grande pesquisador da mediunidade, deixou contribuição de real valor nessa área.

9. Carl Gustav **Jung** (1875-1961) – suíço.
   Notável médico e psiquiatra. Esteve por muitos anos em ligação direta com Sigmund Freud, de quem acabou por se distanciar, por desavenças de opinião. Na mocidade, leu vários livros sobre Espiritismo, sendo ele próprio

Saara: Palco de Redenção

médium de efeitos físicos[27], que ocorreram em sua casa. Conquanto não se tenha declarado integralmente espírita, de certa forma contribuiu indiretamente com o Espiritismo, pelos seus enunciados diante da dor, privilegiando a espiritualidade.

---

27 – Kardec, Allan. *O Livro dos Médiuns*. Segunda parte, capítulos 4 e 5, "Teoria das Manifestações Físicas" e "Manifestações Físicas Espontâneas". A mediunidade de efeitos físicos, provocada ou espontânea, exige a presença de médium com disposição orgânica para doar fluido humano, o qual – manipulado pelos espíritos – contribui para produzir ruídos, movimentação e deslocamento de objetos, materialização, voz direta, levitação etc. (N.E.)

Ao terminar a leitura deste livro, provavelmente você tenha ficado com algumas dúvidas e perguntas a fazer, o que é um bom sinal. Sinal de que está em busca de explicações para a vida. Todas as respostas que você precisa estão nas Obras Básicas de Allan Kardec.

Se você gostou deste livro, o que acha de fazer com que outras pessoas venham a conhecê-lo também? Poderia comentá-lo com aquelas do seu relacionamento, dar de presente a alguém que talvez esteja precisando ou até mesmo emprestar àquele que não tem condições de comprá-lo. O importante é a divulgação da boa leitura, principalmente a literatura espírita. Entre nessa corrente!

Conheça um trecho do magnífico livro
Transplante de Amor

Romance do Espírito **Roboels**
Psicografado por **Eurípedes Kühl**

Ari e Luíza tinham uma vida aparentemente exemplar. Casal brindado com dinheiro e sucesso, atraía sempre olhares curiosos por onde passavam. No entanto, os inúmeros compromissos sociais distanciaram o casal dos filhos... Mas, uma fatalidade, faz com que se reaproximem despertando valores mais elevados dos que estavam acostumados. Uma história maravilhosa que envolve amor, poder, e principalmente, uma bela lição de fraternidade.

Vendo Luíza e Meire adormecidas, Angelina, sem conseguir entender por que ela dissera aquilo sobre "um filho do Anderson", não conteve a curiosidade, sob leve intuição de que Ane não mentira:

– Minha filha, que história é essa de "um filho chegando", sem você estar grávida? Será que entendi direito?

– Sabe, dona Angelina, eu e o Anderson planejamos ter um filho, mas por um problema meu, *anovulação*, que é a ausência de ovulação regular, não consegui engravidar. Nos exames médicos a que nós dois nos submetemos para identificar a causa do problema, foi colhido material de mim e dele. Assim, lá no laboratório, há uma coleta de esperma do Anderson, que pretendíamos utilizar para realização de uma fecundação assistida, em óvulo a ser doado por alguém.

Esse óvulo, após ser fecundado artificialmente, com espermatozóide dele, seria implantado no meu útero.

Respirando sentidamente, exclamou:

– É o que vou fazer, se Deus quiser!

– Mas, Ane, onde você vai arranjar esse óvulo?

– Um, não, mas pelo menos quatro!

– Como assim?

– Na fecundação assistida, segundo o ginecologista que nos atendeu, são processadas, em laboratório, as fecundações de cerca de quatro óvulos, que são transferidos para o útero da futura mãe, pois há sempre o risco médio de setenta e cinco por cento da tentativa não prosperar por rejeição desses óvulos.

– Como assim, rejeição?

– Algum tipo de incompatibilidade orgânica.

– Volto a perguntar: onde você pensa conseguir os óvulos?

– Em primeiro lugar, terei que resolver dois problemas: o primeiro é quanto ao preço dessas experiências...

– Quanto a isso, não se preocupe, pois tenho dinheiro suficiente e com a maior alegria a custearei. Qual o segundo problema?

– Não sei se a senhora sabe, mas, quando mamãe deu-me à luz, éramos gêmeas...

– Oh, meu Deus, que lindo! Então você tem uma irmã!

– Isso mesmo! Só que... estamos brigadas há mais de um ano...

Relembrando, raciocinou em voz alta:

– Creio que com a ajuda dela poderia conseguir meu filho, isso se ela também não tiver o mesmo problema que eu...

– Caso não tenha esse problema e concorde com a doação, o que aconteceria?!

...

Você gostou deste trecho?
Então não deixe de ler este belíssimo romance!

Livros de
EURIPEDES KÜHL

Saara: Palco de redenção
Nas areias do Deserto do Saara, o encontro de almas divididas por crenças religiosas. Enfrentando-se em lutas que se prolongam muito além da vida material, sofrem o terrível calor, a sede, a falta de recursos e a ferocidade de espíritos que desconhecem o bem.

Animais, nossos irmãos
Animais têm alma? Eles reencarnam? Eles têm carma? E emoções? Estas e muitas outras questões você encontrará neste livro.

Infidelidade e perdão
Romance do espírito Josué

Infidelidade: a vida implode em alicerces de paixões, deixando os envolvidos em escombros. Um alerta do Espiritismo para aqueles que se deixam levar pelas aparências.

Sempre há uma esperança
Romance do espírito Roboels

Karen quer subir na vida a qualquer custo, nem que para isso tenha de pisar em outros. Um romance esclarecedor!

Os tecelões do destino
Romance do espírito Domitila

Turmalina vai receber uma grande lição da vida. Sua fortuna será capaz de afastar as sombras da morte que rondam sua felicidade?

Transplante de amor
Romance do espírito Roboels

Ari e Luíza eram ricos e bem-sucedidos. No entanto, os inúmeros compromissos sociais distanciam o casal dos filhos. Uma história que envolve amor e poder e oferece uma bela lição de fraternidade.

Leia e recomende!
À venda nas boas livrarias espíritas e não-espíritas

Livros de Alceu Costa Filho

Nas margens do grande rio
Romance do Espírito Xisto Vinheiros
Anselmo e Eulália vivem às margens do Rio Araguaia. Na fazenda, espíritos conspiram com perversas intenções de vingança.

Entre amigos
Ditado pelo Espírito Filipe
No plano invisível do centro espírita, acontecimentos envolvem os que ali se encontram, beneficiados pelo trabalho de espíritos benfeitores.

Ao entardecer de uma existência
Ditado pelo Espírito Cornélio Pires
Sentindo-se abandonado e inútil, Francisco vive de recordações. Um visitante espírita, Luiz, vai ganhar sua amizade e auxiliá-lo a mudar sua vida.

À sombra da luz
Ditado pelo Espírito Filipe
O Espírito Filipe e seus caravaneiros instalam, na tenebrosa região dominada por Ponciano, um posto avançado, o "Luz", para socorrer almas arrependidas.

Do amor nasce o perdão
Romance do Espírito Xisto Vinheiros
Depois de várias encarnações, unidos pela ambição, Getúlio e Sérgio lutam contra os desafetos do passado.

O diário de Sofia
Narrado pelo Espírito Nina Arueira
Entre a vida e a morte, Sofia vive uma experiência fantástica. Hospitalizada, ela vai adentrar a uma nova realidade: a vida espiritual.

Leia e recomende!
À venda nas livrarias espíritas e não-espíritas

Romances de Antônio Carlos

Psicografados por Vera Lúcia Marinzeck de Carvalho

Aqueles que amam
Acompanhe a trajetória de duas famílias de imigrantes que vêm para o Brasil colônia em busca de uma vida melhor. Conheça a vida na fazenda, a luta contra a escravidão e o encontro de velhos inimigos de vidas passadas.

Cativos e libertos
Jorge, ao retornar de Paris, onde foi terminar os estudos, encontra seu lar tumultuado. Seu pai havia falecido e o irmão foi assassinado justamente no momento de sua chegada. No entanto, Jorge continua a acalentar sonhos abolicionistas... Não deixe de ler!

Novamente juntos
O que há por trás de encontros inusitados, de almas que de repente se encontram, se apaixonam e decidem compartilhar sonhos, alegrias e desventuras? Um livro surpreendente, para quem gosta de um belo romance.

Palco das encarnações
Augusto experimenta duas encarnações diferentes neste livro. Na primeira, é filho do dono do engenho. Na segunda, volta como escravo no mesmo engenho. Uma história fascinante!

Leia e recomende!
À venda nas boas livrarias espíritas e não-espíritas

Romances de Antônio Carlos

Psicografados por Vera Lúcia Marinzeck de Carvalho

Filho adotivo

Dois irmãos são dados para adoção ainda crianças. Já adultos, voltam a se encontrar e começam a namorar. Como a espiritualidade os ajudará? Não deixe de conhecer essa história repleta de surpresas.

Muitos são os chamados

Marcos, jovem médico recém-formado, vê em sua profissão apenas um meio de ganhar dinheiro e ignora totalmente os apelos da espiritualidade na ajuda aos mais necessitados. Mas, um dia, perceberá seu erro...

Reconciliação

Um dos mais belos romances espíritas publicados até hoje. Tudo começa com um duplo assassinato, o pai matando a facadas o filho e a própria esposa. Depois, uma lição maravilhosa de perdão e reconciliação. Se você gosta de um belo romance, não pode deixar de ler este livro.

Reparando erros de vidas passadas

Conheça a história de dois médicos que em encarnações passadas fizeram experiências científicas com seres humanos e assumiram assim inúmeros débitos. Um livro fascinante!

Leia e recomende!
À venda nas boas livrarias espíritas e não-espíritas

Suspense e Mistério
Antônio Carlos

Psicografados por Vera Lúcia Marinzeck de Carvalho

A casa do penhasco
Acontecimentos estranhos e assustadores envolvem o filho de um casal que, atraído por um aluguel barato, resolve morar na casa do penhasco. O garoto, alvo de perseguição maléfica e invisível, leva os pais a buscarem auxílio no Espiritismo.

A mansão da pedra torta
Ana, ao aceitar um novo emprego, mal sabia que iria de encontro a desafetos de vidas passadas. Mistério, suspense e muita emoção fará o leitor acompanhar a personagem na busca de respostas.

Copos que andam
A evocação de espíritos por meio de objetos, tais como copo, pêndulo e outros traz enormes perigos, porque espíritos sérios não atendem a esses chamados. Conheça a história de Nely, vítima de espíritos trevosos que a induziram a matar o próprio pai e a suicidar-se em seguida.

O mistério do sobrado
Na sala de visitas da casa mais bonita da rua, um sobrado, cercado de grades, e rodeado por um lindo jardim, trágicos assassinatos vão acontecer. Qual seria a razão daquelas mortes misteriosas? Uma narrativa emocionante, marcada por sentimentos em conflito.

Leia e recomende!
À venda nas boas livrarias espíritas e não-espíritas

Livros da Patrícia

Best-seller

Violetas na janela

A maior surpresa dos últimos tempos na literatura espírita. Com 966 mil exemplares já publicados, apreciado por mais de 3 milhões de pessoas, Patrícia nos encanta com seu modo singelo de falar sobre o outro lado da vida.

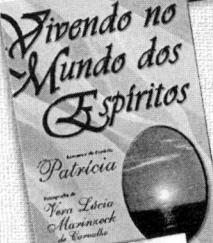

Vivendo no mundo dos espíritos

Depois de nos deslumbrar com *Violetas na janela*, Patrícia nos leva a conhecer um pouco mais do mundo dos espíritos, as colônias, os postos de socorro, o Umbral e muito mais informações que descobrimos acompanhando-a nessa incrível viagem.

A casa do escritor

Patrícia, neste livro, nos leva a conhecer uma colônia muito especial: A Casa do Escritor. Nesta colônia estudam espíritos que são preparados para, no futuro, serem médiuns ou escritores. Mostra-nos ainda a grande influência dos espíritos sobre os escritores.

O vôo da gaivota

Nesta história, Patrícia nos mostra o triste destino daqueles que se envolvem no trágico mundo das drogas, do suicídio e dos vícios em geral. Retrata também o poder do amor em benefício dos que sofrem.

Leia e divulgue!
À venda nas boas livrarias espíritas e não-espíritas

Psicografados por Vera Lúcia Marinzeck de Carvalho

Allan Kardec

Leia e recomende! À venda nas boas livrarias espíritas e não-espíritas.

O Evangelho Segundo o Espiritismo

O livro espírita mais vendido está agora disponível em nova e moderna tradução, com linguagem acessível a todos, independentemente do nível de escolaridade. As notas de rodapé proporcionam maior entendimento ao leitor.

O livro é apresentado em quatro versões:
- Brochura (normal)
- Capa dura (para presentear)
- Com espiral (para facilitar o estudo)
- De bolso (para acompanhá-lo sempre)

O Livro dos Espíritos

Seguindo a mesma linha de *O Evangelho Segundo o Espiritismo*, *O Livro dos Espíritos* também recebeu cuidados especiais. Sua linguagem foi simplificada, tornando possível o entendimento para qualquer pessoa, e as notas de rodapé esclarecem as dúvidas que vão surgindo durante a leitura. Agora estudar Kardec ficou bem mais fácil!

Também apresentado em quatro versões.
- Brochura (normal)
- Capa dura (para presentear)
- Com espiral (para facilitar o estudo)
- De bolso (para acompanhá-lo sempre)

Se você quiser conhecer todos os nossos títulos, e se interessar em receber um catálogo, sem compromisso, envie seus dados para Caixa Postal: 67545 – Ag. Almeida Lima – CEP: 03102-970 – São Paulo - SP ou se preferir via e-mail: petit@petit.com.br